고고학자 **슐리만**,

150년 전 청일을 가다

고고학자 **슐리만**,

150년 전 청일을 가다

텐진으로 가는 길　옛 영화를 간직한 몰락의 도시, 베이징
가장 위대한 건축물, 만리장성　상하이, 전통과 서양 문물의 혼돈 속에서

천황의 나라, 일본을 향하여　아름다운 정원의 도시, 요코하마
양잠의 도시, 하치오지　에도, 그리고 두 얼굴의 일본인　태평양을 건너 샌프란시스코로

지은이_ 하인리히 슐리만
옮긴이_ 이승희

La Chine et le Japon au temps présent

갈라파고스

사업가이자 트로이 유적지의 발굴자인 하인리히 슐리만이 1865년 세계 일주여행에서 청나라와 일본을 방문했을 때는, 유럽 귀족들의 사교장에 깔린 중국산 비단 카펫들은 이미 오래전에 퇴색해버렸고 영주들의 정원에 놓인 탑이나 다실(茶室) 그리고 높이 치솟은 아치형 다리들은 18세기 말엽에 유행했던 중국풍의 추억 정도로만 남아 있었다. 진보를 신봉하는 19세기의 시민들은 이국적 취향을 거부했으며 극동의 무역 상대국에 대한 평가는 객관적이며 종종 부정적이었다. 일본과 마찬가지로 청나라는 뒤떨어지고 부패했으며 서구의 관점에서 보면 비문명적인 사회였다.

슐리만 역시 여행을 떠나기 전까지만 해도 동시대인들과 마찬가지로 이런 시각을 가지고 있었다. 그는 특히 청나라와의 무역 경험을 통해서 이런 시각이 결코 그르지 않다고 생각했었다. 하지만 베이징에 도착했을 때, 어린 시절의 꿈과 모험담을 통하여 상상했던 청나라에 대한 그의 개인적인 인상이 틀리지는 않았다는 걸 알았다. "아홉 개의 성문 중 하나를 통과하여 베이징에 들어와서 양편으로 끝없이 펼쳐져 있는 성벽을 보았을 때, 1291년 마르코 폴로가 베네치아로 귀환한 뒤 칸발릭(Khanbalik, 可汗城) 또는 대칸(大汗)의 대도(大都, 베이징)의 호화로운 번영상을 기록하면서 경탄을 금치 못했던 것처럼 나도 마찬가지였다."

슐리만의 이런 낭만적인 관찰방법은 1870년 그리스에서 시작된 유적 발굴의 주요한 원동력이 되고 당시 세인의 대단한 관심을 불러일으켰던 트로이 유적지의 발견으로 이어지게 했다. 하지만 슐리만은 세계를 여행하는 동안에 사업가답게 현실적이고 경제적인 눈으로 모든 것을 바라보았다. 그는 일기에 모든 사건들을 세세하게 기록하며 자신과 대화하는 방식을 통해서 이해하고, 또 그것을 문화적, 정치적 연관 속에서 설명하려고 했다.

슐리만이 청나라에 머무르고 있는 동안 청나라의 정치 상황은 상당히 긴장되어 있었다. 청나라는 아편전쟁에서 패배한 뒤 1842년 영국인들의 강요로 맺어진 난징조약으로 관세자주권을 상실했고 높은 전쟁 배상금과 더불어 5개 항구를 개항해야만 했다. 그 외에 톈진조약을 기화로 영국과 프랑스는 청나라 중앙정부의 무능을 이용해서 공사의 베이징 주재, 추가 개항, 외국 상인들과 선교사들의 여행의 자유를 강요했다.

슐리만이 이런 정치 상황에서 발생할 수 있거나 혹은 존재하는 모든 위험들에 아랑곳하지 않고 대단한 의지력으로 이런저런 불편함과 난관을 극복했다는 것은 놀랍기 짝이 없는 일이다. 그중에서 만리장성을 둘러본 것은 하나의 사례일 뿐이다. 수치나 용량 표시, 금액, 이국의 관습을 빠짐없이 기술한 슐리만의 꼼꼼함과 인내는 믿기 힘들 정도다.

슐리만은 청나라에서 한 달 이상 머물다가 일본으로 갔다. 당시 서양인이 일본을 여행한다는 것은 목숨을 걸고 위험을 감수해야 하는 상황이었다. 1852년 미국은 해군 제독 페리의 지휘 아래 일본으로 하여금 쇄국정책을 버리게 하였고, 외국인에 대한 일본인의 적대감에도 불구하고 일본과 조약을 체결할 수 있었다. 1858년 미국 공사 해리의 주도로 이 조약은 다음과 같이 개정되었다.

"도쿄(에도)에 미국 공사 주재, 당국의 간섭 없는 자유무역, 일본 무역항의 추가적인 개항."

네덜란드, 영국 그리고 프랑스도 일본 정부로부터 비슷한 확약을 얻어냈다. 이런 일련의 조약들을 이행해야 하는 일본 정부는 모든 외국인들을 몰아내라는 공개적인 요구들로 끊임없이 새로운 장애에 직면해 있었다. 미국, 영국, 프랑스, 네덜란드 함대의 공격이 있었고 마침내 1864년 그들은 그동안 맺은 조약들에 대하여 천황의 승인을 강요했다.

하지만 1865년 봄에도 여전히 슐리만과 같은 외국인이 통행증 없이, 다시 말해서 미국 공사의 초대장 없이, 그리고 다섯 명으로 구성된 일본 무사들의 보호 없이 일본을 여행한다는 것은 불가능했다. 이때 슐리만이 보여준 태평스러운 태도는 주목할 만하다. 이런 위험한 상황을 잘 알고 있었음에도 - 외국 공사들에 대한 일본인의 암살 시도와 습격 등 - 지적 욕구와 호기심 때문에 그는 포기하지 않았다. 그는 지칠 줄 모르고 여기저기 일본 명소들을 찾아 다녔다. 그러면서 물건 가격을 기록했고 그 물건들의 품질을 감정했으며 소박한 일본 살림과 호화로운 유럽 살림을 비교한다든지 또는 일본 망원경과 사람의 눈을 비교하기도 했다. 근시였던 슐리만이 일본 망원경보다 자기 눈이 더 멀리 볼 수 있다고 말했던 것은 이제는 일화로 남아 있다.

슐리만은 청나라보다 일본에 대해서 더 많은 지면을 할애했고, 긍정적으로 기록했다. 암스테르담에 있는 무역회사에서 사환으로 있을 때부터 그는 일본에 가보고 싶은 '불타는' 욕구가 있었다. 그의 소원이 마침내 현실로 됐을 때, 일본은 극심한 변혁기에 있었다. 섬나라의 고립은 더 이상 유지될 수 없었으며 일본 지배층의 열렬한 민족주의는 서구열강 앞에서 더 이상 대항하거나 관철되기 어려웠다.

1865년 7월 4일 슐리만은 일본에서 샌프란시스코로 건너갔다. 50일간의 항해 동안 그는 프랑스어로 그의 첫 번째 저서인 『현재의 중국과 일본(La Chine et le Japon au temps présent)』을 썼다. 슐리만은 자신이 직접 고안한 학습 방법으로 15개국 언어를 습득했는데, 같은 방법으로 6개월 만에 프랑스어도 자유로이 말하고 쓸 수 있게 되었다. 계속해서 읽고 암송함으로써 그는 곧 프넬롱(Fenelond)의 소설 한 권을 통째로 외워서 낭독할 수 있었다. 이런 식으로 그는 비상한 암기력을 바탕으로 문법 구조를 이해하지 않고도 체계적으로 외국어를 습득해 나갔다.

청나라편

1865년 5월 3일

청나리편 1865년 5월 3일

↑ 항구에 들어선 증기선. 중국인들과 외국인들이 승선을 기다리고 있다.

1장

톈진으로 가는 길

중국 만리장성에 관해서는 상반되는 이야기들을 숱하게 들은 바가 있고, 세계일주 여정에서 마침 상하이(上海)에 머무르고 있었던 터라 나는 만리장성에 가보고 싶어서 안달이 나 있었다. 거기에 가려면 우선 베이징을 거쳐야 하고, 그러면 겸사겸사 베이징에서 흥미로운 것도 많이 볼 수 있을 거라는 기대감 때문에 더더욱 기꺼운 마음으로 그렇게 했다. 그렇지만 수도에 낭노하러면 먼저 톈진(天津)을 거쳐서 가야만 했다. 그래서 나는 4월 20일 새벽 5시에 톈진행 기선 윤체페이(燕子飛號)호에 올랐다. 이 항해 운임으로 은화 80냥(720프랑)을 지불해야 했는데, 보통 성능이 좋은 기선으로 59시간이면 그곳에 당도한다.

배는 강 하류를 따라갔고 얼마 지나지 않아서 양쯔강(揚子江)에 다다랐다. 황하이(黃海)는 탁하게 황토색을 띠는 양쯔강 물이 하구에서 69킬로미터에 이르는 바다를 물들이는 데서 연유한 이름이다. 증기선은 느렸다. 외해(外海)로 나오는 데만도 세 시간이 걸렸다. 순풍인데도 3일째 되는 날에야 비로소 즈리만(識里灣)으로 가기 위하여 산둥(山東)의 구릉지대를 돌아서 갈 수 있었다.

청나라 세관에서 일하는
서양인들

4월 23일 배는 옌타이(煙臺)에 정박했다. 여기에서 나는 광둥(廣東)과 상하이에 있을 때 익히 들어서 알고 있는 영국인 로버트 토머스(제너럴 샤만호를 타고 대동강으로 들어왔으며 한국 최초의 개신교 순교자이다 – 옮긴이)를 만나게 되었다. 언어에 탁월한 재능이 있는 것으로 이름난 그는 모국어 외에 러시아어, 스웨덴어, 독일어, 프랑스어, 스페인어, 포르투갈어, 이탈리아어, 일본어, 중국어를 아주 유창하게 구사했다.

영국 정부는 성직에 몸담았던 그가 배우기가 여간 까다롭지 않은 중국어를 아주 빠른 시간에 배워서 복음을 성공적으로 전파할 수 있을 것으로 판단하고 그를 선교사로 청나라에 파견했다. 실제로 그의 능력에 대한 영국 정부의 생각은 틀리지 않았다. 그는 자신이 지어낸 짧은 이야기들을 수시로 적어서 수정하게 한 다음에 통째로 외워버리는 방식으로 1년도 되지 않아서 중국어를 유창하게 말하는 것은 물론이고 임의의 주제에 대해서도 능숙하게 쓸 수 있을 정도가 되었다. 이제까지 어떤 외국인도 감히 해내지 못했던 일이었다.

하지만 그는 성격이 유약해 자신이 당초 선택한 직업을 오래 감당해내지 못했으며, 가련한 우상숭배자의 영혼을 구제하는 공명심보다는 세속적 흥밋거리의 떠들썩함에 더 마음이 쏠렸다. 결국, 그는 선교사를 그만두고 2개월 전부터 옌타이의 세관에서 통역관 자리를 얻어서 일하고 있었다.

1860년 청나라는 프랑스 · 영국과 맺은 조약(애로호 사건의 강화조약인 베이징조약을 가리킨다. 1858년에 맺은 톈진조약을 확인하고 톈진의 개항, 영국에 대한 주룽의 할양 등의 내용을 추가했다 - 옮긴이)으로 최소한 배상금을 완전히 갚을 때까지는 관세 업무에서 외국인 대리인을 고용해야만 하는 의무가 있었다. 어떤 외국인과도 비교할 수 없을 정도로 중국어에 능숙한 토머스가 곧 세관에서 중책을 맡게 될 거라는 데는 의심의 여지가 없다. 지금까지 상당한 금액의 수입이 부패한 청나라 공무원의 제물이 되는 것을 청나라 정부는 결코 수수방관하지 않았다. 결국 청나라 공무원들을 해임하고 대신에 중국어를 할 줄 아는 외국인들을 채용했던 것이다.

1861년, 영국인 레이 씨가 세관행정의 총책임자로 임명되었다. 그는 50만 프랑의 연봉을 받았고 다른 세관 공무원들은 1만 5천 프랑에서 7만 5천 프랑을 받았다.

작년 가을에 영국 공관 직원으로 25세도 채 안 된 행정의 달인 하르트 씨가 레이 씨의 후임으로 그 자리에 앉았다. 그가 취한 요령 있는 조처들로 현재 관세 수입은 외국인 대리인을 채용하기 전보다 4배가 늘었다.

청나라 정부에서 그가 이룬 대단한 성과를 인정해 무한한 권한을 부여했기 때문에 그는 이 나라의 관세에 관한 한 마음대로 처리할 수 있었다. 청나라 정부는 그에게 세 번째로 높은 계급 장 – 모자에 다는 배지 – 을 수여했다.

여기에는 9등급이 있고 그에 상응하는 다양한 표장(表章)들이 있다. 청나라 일등 관료들에게만 허용되는, 가마에 앉아 베이징 거리를 행차하는 특권만 빼고, 하르트 씨는 대단한 특전을 누렸다.

중국어를 구사하면서 세관 업무를 수행할 수 있는 외국인들을 중국에서 전부 충당할 수 없기 때문에 정부는 'Overland Mail' (정식명은 Southern Overland Mail Co.) 으로 일등석 뱃삯을 지불하면서 유럽이나 미국에서 젊은 사람들을 불러들였다. 그들이 중국에 도착하면, 중국어를 유창하게 말하고 어느 정도 읽을 수 있도록 1년의 중국어 연수 기간을 주고 그동안 매달 100냥(900프랑)씩 지불한다. 그런 후에 그들은 연봉 1만 5천 프랑을 받으면서 세관 업무를 맡게 된다. 능력이나 유용성, 특히 중국어 숙달 정도에 따라서 그들의 봉급이 올라간다.

나는 베이징에서 중국어 교육을 받고 있는 장래 세관 공무원 여섯 명을 만난 적이 있다. 독일인 한 명, 프랑스인 한 명, 영국인 두 명 그리고 미국인 두 명. 그들 모두 이전에는 사무원으로 일했으며 조국에서 행운을 잡을 수 있는 희박한 가능성을 좇기보다는 천제(天帝)의 나라에서 독립적으로 일할 수 있는 괜찮은 자리를 얻고 싶어했다. 이런 경향은 서기(書記)들에게만 있는 것이 아닌 듯싶다.

상하이에서 톈진으로 가는 길에 나는 달랭(d'Alin)이라는 베를린 출신의 건축가와 동행할 기회가 있었다. 그의 머릿속에는 유럽을 떠나서 청나라 정부로부터 돈을 받고 톈진에서 중국어를 배운 다음 세관 공무원이 되겠다는 생각뿐이었다. 그 건축가는 외국에서 경험을 쌓다 보면 언젠가는 프로이센의 수도에서 궁전을 설계할 기회가 더 많아질 거라고 기대하고 있었다. 이처럼 중국어를 배우면 능력이 특출나지 않은 사람이라도 괜찮은 수입이 보장되고 재능이 있는 사람에게는 미래가 보장된다.

그나저나 본래의 주제인 만리장성에서 한참 벗어나긴 했지만 그래도 그곳에 도착하기 전에 내 여행에 관해서 몇 가지 부연할 게 있다.

4월 27일, 배는 다구(大沽)의 요새가 있는 바이허강(白河) 하

랴오닝
랴오둥반도
구베이커우
베이징
바이허강
톈진
즈리만(보하이만)
후베이성
다구
옌타이
산둥반도
산둥
칭다오
황해
렌원강
장쑤성
안후이
양쯔강
쑤저우
우쑹
상하이
황푸강
동지나해

↑ 슐리만의 기행로

구에 들어왔다. 북쪽 요새에는 프랑스 주둔지가, 남쪽 요새에는 영국의 주둔지가 있다. 1860년에 맺어진 일련의 조약으로, 청나라 정부가 한 푼도 남김없이 배상금을 다 갚을 때까지 점령은 계속될 것이다.

남쪽 요새 편으로 4만~6만 명의 인구를 헤아리는 소도시 다구가 1.6킬로미터 넘게 펼쳐져 있다.

배는 수려한 바이허강 상류를 따라 올라갔으며 강가를 따라 벼와 과일나무가 심어져 있다. 살구나무와 복숭아나무는 꽃이 만발했지만 다른 나무들은 여전히 앙상했다. 청나라에서는 직접 손으로 밭을 경작하기 때문에 말이나 소 대신에 쟁기나 써레를 끄는 사람들을 자주 볼 수 있다. 청나라 인구는 전체 유럽 인구보다 1억 4천만 명이나 더 많은 4억가량으로 추산되고, 따라서 부지런히 땅을 갈지 않으면 이 많은 백성들이 도저히 먹고 살 수가 없기 때문에 어디에나 사람들이 들에 나와 분주히 일하고 있다.

강 양쪽을 따라서 30~40미터의 간격으로 깊게 파놓은 웅덩이들이 보였다. 강가 양편에 각각 아낙네 둘이 앉아서 불투명한 바구니를 밧줄에 고정해놓은 채 쉬지 않고 물을 길어서, 들판으로 물이 흐르도록 되어 있는 조그마한 관개용 수로에 퍼붓고 있었다. 웅덩이에 물도 충분하게 고여 있고 아낙들도 어찌나 민첩하게 손을 놀리는지 눈 깜짝할 사이에 바구니 열 개에 물을 채우고 비울 정도였다.

다구와 톈진 중간쯤, 적어도 인구 10만 명을 헤아리는 시안슈구(咸水沽)라는 도시를 지났다. 저녁 7시쯤에 드디어 우리는 바이허강과 길이 1,372킬로미터의 대운하 합류점에 있는 톈진에 도착했다.

톈진은 인구가 40만이 넘고 주민들 대부분이 시 외곽에 거주하고 있다. 이제껏 여러 대륙에서 지저분한 도시들을 많이 목격했지만 특히 톈진은 더럽고 혐오감을 주는 곳이다. 이곳에서는 여행자의 오감(五感)이 끊임없이 수모를 당해야만 한다.

2장

옛 영화를 간직한 몰락의 도시, 베이징

수레를 타고 베이징으로

텐진에 도착한 지 이틀째인 4월 29일, 각각 노새 두 마리가 끄는 수레 두 대에 몸을 싣고 베이징으로 출발했다. 마차 한 대에는 내 시중을 드는 아촌이 짐을 가지고 타고 있었고 나는 다른 한 대의 수레로 갔다. 청나라 전역에서 탈 만한 것이라고는 바퀴가 두 개 달린 이 수레뿐인데다 도시 도로 시정이나 장거리를 연결하는 육로 상태에 그나마 적합한 유일한 운송 수단이었다. 모든 수레에는 바퀴가 두 개만 달려 있을 뿐이고 지붕에는 청색의 무명천이 둥그렇게 덮고 있다. 수레에 눕자니 너무 짧고 유럽식으로 앉자니 그다지 높지 않았으며, 더욱이 스프링

천단은 명나라 태조 홍무제가 난징에 대사전(大祀殿)을 짓고 천지를 함께 제사한 데서 비롯하며, 영락제의 베이징 천도 후 베이징 남교로 옮기고, 가정제 때 원구와 대향전(大享殿)을 축조하여 제천의 장소가 되었다.
청나라 건륭제 때 개수 확대하면서 대향전이 기년전으로 되어 현재와 같은 규모가 되었다. 기년전은 광서제 재위(1874~1908) 때 소실했기 때문에 1890년에 재건하였다.

장치가 되어 있지 않아서 수레에 앉아 있기란 여간 고통스러운 일이 아니었다. 이런데도 청나라 사람들이 아무런 불편을 느끼지 못한다면 신경계통에 결함이 있거나 아니면 상당히 무디다고 여길 수밖에 없다. 나는 수레 채에 말을 탄 자세로 앉은 채 옴짝달싹할 수가 없었고, 그나마 이런 자세를 취해야 심한 요동이나 충격으로 인한 고통을 최소화할 수 있었다.

어디에나 밥이 있었고, 심지어 달걀과 양고기까지 가끔씩 맛볼 수 있어서 여행하는 동안 양식은 부족하지 않았고 이런 점에서는 불평할 이유가 없다.

베이징의 호화로운
거리의 두얼굴

4월 30일 저녁 6시 무렵에 나는 완전히 녹초가 된 채 베이징에 도착했다. 위압적이고 장대한 성벽 앞에 서니 도성 안은 아무것도 보이지 않았다. 성벽은 연장 52킬로미터, 높이는 곳에 따라서 16~23미터, 기저 너비 20미터, 상부 너비 16미터에 이르고 유럽식 마차 여덟 대가 옆으로 나란히 갈 수 있을 정도였다. 100미터 간격으로 면적 20제곱미터의 망루들이 우뚝 솟아 있었다. 면적 67제곱미터에 이르는 4층 구조의 성문이 아홉 개나 되었다. 이 성문들은 똑같은 크기의 또 다른 성문으로

↟ 1865년 경 베이징 모습(상), 베이징에 있는 한 청나라 관리의 집 안뜰(1871년경,)(하)
사진 존 톰슨

보호되어 있다.

베이징은 세 지역으로 나뉘어 있다. 내성(內城)에 있는 황성(皇城)과 만주인(滿洲人) 거주지역, 외성(外城)에 있는 한인(漢人) 거주지역이다. 이 지역들은 서로 문루와 성문이 갖추어진 높고 견고한 성벽으로 구분되어 있고, 이미 언급한 것처럼 도성 전체가 연장 52킬로미터의 웅대한 성벽으로 에워싸여 있다.

아홉 개의 성문 중 하나를 통과해서 베이징에 들어와 양편으로 끝없이 펼쳐진 성벽을 보았을 때, 1291년 마르코 폴로가 베네치아로 귀환하면서 칸발릭(Khanbalik, 可汗城) 또는 대칸(大汗)의 대도(大都, 베이징)의 호화로운 번영상(베이징은 몽골의 쿠빌라이가 수도로 정하여 '대도'라고 명명한 뒤 원나라의 정치 중심지가 되었는데, 마르코 폴로는 칸발릭이라는 명칭으로 그 호화로운 번영상을 기록했다-옮긴이)을 보고 경탄을 금치 못했던 것처럼 나도 마찬가지였다.

나는 이 도성 안에서 뭔가 놀랄 만한 것들을 볼 수 있을 것으로 한껏 기대하고 있었는데 그건 완전히 착오였다. 베이징에는 마부들이나 묵는 역겨울 정도로 지저분한 여사 말고는 호텔이라곤 찾아볼 수 없었다. 결국 절에다 거처를 정했는데, 하루에 6프랑을 지불하기로 했다. 스님들은 극진하게 손님을 맞아주며 처음에는 12프랑을 요구했지만 흥정 끝에 결국 반값에 방을 얻을 수 있었다. 방 면적은 4제곱미터였고 돌로 된 널찍한 침상이 방 절반을 차지하고 있었다. 어쨌거나 지친 몸을 뻗을 수 있게 돌침상에서 가장 폭신한 자리를 고를 수 있는 알량한 특권이 내게 주어졌다. 나머지 방바닥 절반에는 돌판들이 깔려 있지 않았다. 먼지를 빨아들이도록 방바닥에 물을 뿌렸는데 어찌나 많이 뿌렸던지 물기가 남은 데서 곰팡이가 피어 역한 냄새가 났다. 가구라고는 책상과 등받이 없는 의자가 전부였다. 딱히 뭐라고 말할 수 없는 색으로 발라진 벽면에는 길이 2,5미터, 폭 64센티미터의 열 폭짜리 병풍이 펼쳐져 있었는데, 거기에는 『논어』의 한 구절이 아름다운 한자로 쓰여 있었다. 그 밖에도 유리 대신에 얇은 흰 종이를 바른 창에는 구멍이 아홉 개 나 있었는데, 천제의 나라에 사는 백성들은 아직 유리가 뭔지 몰랐다.

　새 숙소에서 여장을 풀고 나니 저녁 8시가 다 되었다. 나는 심한 허기를 느꼈고 뭔가 요기를 했으면 싶었다. 하지만 스님들에게서는 먹을거리를 얻을 수 없었고, 내 시종인 아촌이 말하기를 지금 이 시간에는 베이징 전체가 잠들어 있다고 했다. 하는 수 없이 점심과 저녁을 거른 채 잠자리에 들어야만 했다.

　얼마나 고단했던지 딱딱한 돌 위에서 잠을 자면서도, 아촌이 새벽 5시에 나를 깨울 때까지 한 번도 깨지 않았다. 아촌은 한 손에는 찻주전자와 찻잔을 들고, 다른 한 손에는 밥 한 공기를 들고 있었다. 그는 새벽 4시에 일어나서 운 좋게도 내게 차려줄 아침거리로 쌀과 차를 구할 수 있었다.

그가 사온 차는 유럽의 막노동자조차 사양할 것 같은 질이 좋지 않은 녹차였다. 게다가 우유나 설탕도 타지 않고 마셔야만 했다. 그도 그럴 것이 청나라인은 유럽인의 미각을 돋우는 이런 사치품을 전혀 사용하지 않으며, 이런 물건들을 구입하는 것 자체도 불가능했다. 밥은 누렇고 질이 안 좋은데다 소금 간도 되어 있지 않았다. 아촌은 스님들에게 좀 얻을 수 있을 거라고 생각해서 소금을 사지 않았는데, 스님들도 소금이 없다고 하는 게 아닌가. 소금을 사러 시종을 보내면 최소한 15분은 더 지체해야 했다.

하지만 나는 배가 어찌나 고팠던지 과감하게 아침상 앞에 앉았다. 아촌이 나이프와 포크 대신에 중국인이 사용하는 젓가락을 가져다주었지만, 사용할 줄을 몰라서 아랍인들이 하듯이 손가락으로 먹기 시작했다. 여태까지 이런 형편없는 아침식사를 해본적이 없었건만 허기 때문인지 산해진미처럼 느껴졌다.

도성 구경에 나서다

조반을 마치고 나는 아촌에게 안장이 구비된 말 두 필을 구해오라고 시켰고, 6시쯤 우리는 도성 구경을 하러 나섰다.

장려한 광둥에서는 가장 넓은 거리라고 해도 폭이 2미터가 넘지 않는 데 비해서 베이징은 가장 좁은 거리조차 폭이 6미터나 되

↑ 1865년 경의 시가지 풍경.

고, 대개는 20미터에 이르렀다. 심지어 30미터에 달하는 거리도 꽤 있고 넓으면 50~60미터까지 이르는 대로도 간혹 있었다. 집들은 모두 단층이었고 가마에서 말린 푸르스름한 벽돌로 지어졌다. 가옥들은 창이 안뜰로 향해 있고 점포들만 거리 쪽으로 나 있었다. 상점들 앞면은 무시무시한 형상들을 장식해놓았는데, 용이나 전설 속 장면들이 새겨진 정교한 조각들이었다. 집 앞면은 대개 붉은색으로 칠해져 있고 황금빛으로 장식을 했으며, 온통 금색으로 칠한 집들도 자주 눈에 띄었다.

상점들에 걸려 있는 간판은 길이가 2~3미터이고 폭은 50~

60센티미터다. 간판은 입구 양편에 수직으로 걸려 있고 멀리서도 볼 수 있도록 벽에서 90도 각도로 걸려 있었다. 골목마다 일부가 허물어졌거나 또는 다 쓰러져가는 집들이었다. 오물이나 쓰레기들을 아무렇게나 내다버려 거리는 온통 뒤죽박죽이었다. 그래서 말을 타고 갈 때는 깊이 파인 구덩이를 만날지 모르기 때문에 세심하게 주의해서 피해가야만 한다. 게다가 햇빛도 가리고 호흡도 곤란하게 하는 끔찍한 모래바람 먼지를 뒤집어쓰기 일쑤였다.

도처에 벌거벗었거나 아니면 그나마 넝마 조각이라도 걸친 거지 떼들이 행인들 뒤를 졸졸 따라다녔다. 거의 문둥병에 걸려 있거나 아니면 온몸이 화농투성이로 역겹기는 마찬가지였다. 그들은 큰 소리로 동냥질을 했고 비쩍 마른 손을 하늘로 치켜올린 채 무릎을 꿇고 고개를 계속 조아려댔다. 무엇보다 그들의 궁핍을 덜어줄 수 없다는 것이 마음에 걸렸다.

이 나라의 동전은 딱 한 종류인데, 아연 3분의 1과 납 3분의 1을 합금해서 만든 것이다. 엽전이라고 부르는 이 동전은 크기는 수(Sou, 프랑스의 옛 화폐 단위로서, 1수는 1상팀의 5분의 1에 해당한다—옮긴이)만 하지만 무게는 더 나간다. 가운데 네모닌 구멍이 있어서 그 사이로 대로 만든 끈을 넣어서 동전 250개를 한데 묶는다. 동전 1천 개의 가치는 멕시코 1피아스타나 6프랑과 같아서 1수에 여덟 개가 넘는 동전을 받게 된다. 이 엽전은 무겁기도 하거니와 아주 더럽기까지 해서 수레를 타고 가면 모를까 몸에 지니고 다니기는 어렵다.

항구에서는 액수가 큰 거래는 모두 멕시코 피아스타로 지불하지만 내륙에선 유통되지 않으며, 엽전으로 지불하기에 너무 큰 액수일 경우에는 금화나 다양한 크기의 은화를 달아서 계산한다.

어깨에 바구니를 걸친 채 한 손에 갈퀴를 들고 폐물이나 쓰레기를 샅샅이 뒤져서 휴지 조각이나 석탄 조각들을 골라내고 있는, 옷이라고는 거의 걸치지 않은 넝마주이들이 도처에 눈에 띈다. 오물 치우는 사람이 나타날 때까지 굶주린 개 떼들이 자신들의 배설물과 말똥거름을 먹어치우는 모습을 지켜보고 있자니 구역질이 날 지경이다.

길거리마다 천으로 지붕을 한 볼품없는 이륜수레들이 눈에 띈다. 마치 죽은 짐승을 실어 나르는 박피공의 수레 같다. 여기 이 나라에서는 이 수레 하나가 전세마차도 되고 포장마차도 되고 짐마차도 된다. 유럽처럼 바퀴가 앞에 있지 않고 가운데에 달려 있는 일륜 손수레도 도처에서 볼 수 있다. 기다랗게 생긴 이 기발한 손수레는 장정 한 명이 물이 꽉 찬 물동이 여섯 개를 거뜬하게 나를 수 있다. 청나라 사람들은 물이 새지 않는 바구니를 제작할 줄 알고, 양동이보다 훨씬 가볍고 가격도 저렴해서 양동이보다는 바구니를 선호한다.

개 짖는 소리, 당나귀 소리 그리고 콧구멍을 서로 무명 줄로 꿰인 채 행렬을 지어 적당한 측대보(側對步)로 길거리를 지나가고 있는, 털이 길게 늘어진 60~70마리의 몽골 낙타들의 잠긴 울음소리가 가는 곳마다 들린다.

도처에서 1.3미터 크기의 네모난 칼을 수평으로 목에다 쓰고 있는 죄인들을 볼 수 있는데, 그들은 쓰고 있는 칼 때문에 손을 입으로 갖다댈 수 없다. 꼴이 이러니 그들은 행인들에게 음식을 구걸하는 것으로 그치지 않고 입으로 넣어달라는 수밖에 없다.

칼에는 그들의 죄명과 형기(刑期)를 적은 문서가 붙어 있고. 이른바 칼형(枷刑)에 처해진 죄인들 말고도 적어도 9킬로그램은 족히 나갈 것 같은 철통을 팔과 발목에 차고 있어서 걸으려면 그것들을 머리에 지고 가야만 하는 죄인들도 볼 수 있다. 그들의 등판에는 죄명과 형기가 적힌 나무판이 매달려 있다. 이 두 종류의 형벌에 처해진 죄인들은 형구(刑具)를 차고 움직일 수 있는 한 길거리를 자유롭게 돌아다닐 수 있다. 하지만 사형수일 경우에는 이 형구들을 단 한 순간이라도 떼어놓는 것을 허용하지 않고 잠시라도 도성을 떠날 수 없다.

나는 한족 거주지역의 어느 대로 한복판에 있는 형장을 다녀왔다. 방금 전에 베인 목들과 몇 달 전에 처형된 듯한 목들이 철창 안에 전시되어 있었으며, 철창마다 그들이 무슨 죄목으로 처형되었는지를 적은 나무판이 붙어 있었다.

나는 한 무더기의 병사들을 지나쳤다. 그들은 여느 중국인처럼 발목까지 닿을 정도로 머리를 길게 땋아 등 뒤로 늘어뜨렸고

↑ 거리의 감옥에 갇힌 죄수. 이들은 그대로 방치되어 죽음에 이르기도 한다.

보통 일꾼의 행색이어서 그들이 들고 있는 무기를 보고서야 병사들인 줄 알았다.

그들 옆에는 번득이는 칼을 한 손에 들고 있는 한 사내가 가고 있었다. 가슴과 등판에 한자가 쓰인 네모난 흰 천이 붙어 있고 둥근 모자에 계급장이 달린 것으로 미루어 그가 관리이자 부대 통솔자라는 것을 알 수 있었다.

운구 행렬과
결혼식 풍경

그러고 나서 나는 신분이 아니라 돈으로 한몫한 듯한 사내의 운구 행렬을 구경할 수 있었다. 부처님 생애의 일화 하나를 수로 놓은 흰색과 하늘색의 커다란 깃발들이 나부끼는 붉은 장대를 든 120명의 막일꾼(청나라에서는 '쿨리(苦力)'라고 부른다)들이 두 줄로 가고 있고 북과 공(gong, 지름이 1미터 되는 금속으로 만든 원반형 타악기)을 든 악사 12명이 조객(弔客) 뒤를 따랐다.

악사들은 내 귀에는 듣기 끔찍스러운 장송곡인 듯한 음악을 연주했다. 그 뒤로 망자가 사용했던 의자와 옷가지를 들고 가는 일꾼 둘이 따랐다. 그 물건들로 미루어 고인은 단순한 장사치였던 듯싶었다. 그 뒤로 금색으로 꾸민 장대를 든 일꾼 72명이 역시 두 줄로 뒤따랐다. 행렬 마지막에는 길이 8미터, 폭 4미터는 족히 되는 붉은색의 거대한 상여가 따랐다.

상여는 40명의 상두꾼들이 멨다. 상여 한가운데에는 적어도 길이가 4미터는 되는 거대한 관이 놓여 있고 붉은 비단천으로 덮여 있어서 관 색깔은 알 수가 없었다. 상여 위에는 금실로 화려하게 용을 수놓은 담청색의 커다란 덮개가 덮여 있었다. 붉은 비단천 위에는 금종이, 은종이로 된 작은 뭉치들이 여기저기 놓여 있었다. 이런 종이 뭉치들은 관 안에도 집어넣지만 중환자의 몸 주변에다 놓기도 한다.

이런 방식으로 사람들은 악귀를 속일 수 있다고 믿는데, 악귀들은 금색, 은색의 광채에 눈이 부셔 그 종이 뭉치가 진짜 귀금속이라고 믿어버린 나머지, 극락세계로 가고 있는 혼령을 훼방 놓아 제 손아귀에 놓으려는 본래의 임무를 망각한 채 그 종이 뭉치를 잡는다고 한다. 청나라에서 이런 종이 소비량은 굉장히 높으며 이것을 생산하고 거래하는 것만으로도 수십만 명에게 일자리를 제공한다고 한다.

곧이어서 나는 결혼 행렬과 마주쳤다. 신부는 가마를 타고 신랑 집으로 가는 중이었는데 이 날만은 평민도 베이징에서 가마 타는 게 허락된다. 가마에는 금실로 수놓은 장밋빛 비단천 덮개가 씌어 있었다. 안에 있는 신부의 모습은 전혀 구경할 수가 없었다. 다만 우아하고 호화롭게 치장한 가마, 화려한 자수, 그리고 가마

주위에 금테로 그려진 작고 아름다운 여신들을 보면서 신부는 빼어난 미모일 것이며 앙증맞은 발을 가지고 있을 거라고 생각했다.

옷은 초라해도
신발은 화려하게

　　　　　실제로 중국에서는 여성에 대한 아름다움의 기준이 오로지 발의 크기에 있다. 얼굴에 얽은 자국이 나 있거나 이 사이가 벌어졌거나 아니면 머리카락이 듬성듬성 났어도 발 크기가 엄지손가락의 3배 반인 여자가 4배 반인 여자보다 훨씬 더 아름답다는 인식이 일반적인 풍조이고, 유럽에서도 사실 그렇긴 하다. 중국에서 작은 발을 가졌다는 것은 젊은 여인에게는 달콤한 희망을, 결혼한 부녀자에게는 자부심과 아울러 궁핍 속에서도

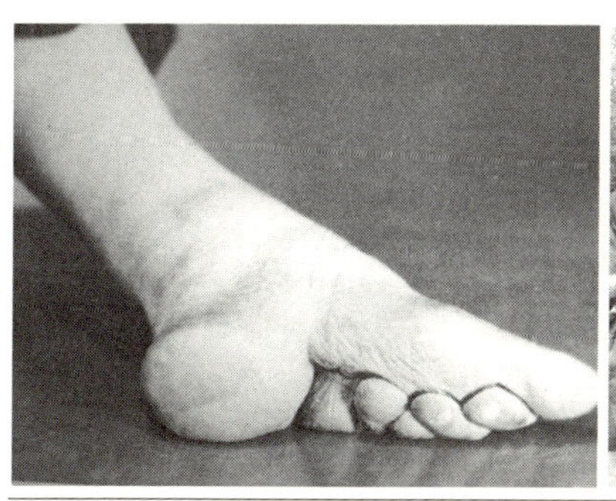

↑ 전족을 한 여인들(좌), 전족을 한 발의 모습(우).

위안을 준다.

외국 여행자들은 중국의 이런 습속을 보고 기겁을 하지만, 중국 여성들은 바로 이런 이유 때문에 발을 작게 변조하는 것이다. 그렇지만 그동안 중국에 대해서 저술한 작가들 중에 중국 여성의 맨발을 직접 본 사람은 없는 것 같다. 그들의 기록은 다섯 발가락 전부 발바닥 쪽으로 굽게 만든 다음 발가락들이 하나로 자라게 하는 식으로 작은 발을 만든다고 하는데 실제로는 그렇지 않다.

이 나라 관습 때문에 쉽지 않았지만 나는 중국 여성의 발을 자세히 볼 기회가 몇 번 있었다. 여아가 한 살이 되면 바깥쪽 발가락 세 개를 발바닥 쪽으로 꺾어서 베로 칭칭 동여맨다. 이런 식으로 오랜 기간 강한 압박을 받으면 가운데 발 뼈가 튀어나오면서 위로 굽어지고 뒤꿈치도 심하게 돌출하게 되어서, 걸을 때는 나머지 멀쩡한 두 발가락과 변형된 뒤꿈치에 의지할 수밖에 없다. 이는 곧 천으로 꽁꽁 동여매진 세 발가락이 항상 발바닥 쪽으로 굽어 있긴 하지만 결코 발바닥과 유착해서 하나로 자라는 것은 아니라는 말이다. 발을 인위적으로 옥죄어 지속적으로 성장을 억제하기 때문에 발목 위 다리는 두꺼워지고 서혜부는 부어오른다. 이런 식으로 중국인들은 발의 크기를 조절한다. 특이한 점은 이러한 풍습이 한족(漢族) 여성들에게만 통할 뿐 몽골족 여성들 사이에서는 행해지지 않는다는 것이다.

아무리 옷차림이 초라할지라도 발만은 – 미태(媚態)의 유일한 대상으로 - 화려하게 치장하고 싶은 욕구를 가진 중국 여성들은 신발에 정성을 들인다. 발은 대개 화려한 색상의 비단천으로 감싸고 나서 흰색으로 칠한 10센티미터 높이의 가죽 굽이 달린 붉은색 또는 검은색의 자그마한 비단 신발을 신는다. 이렇게 기형적으로 작게 만든 발에 신을 신으면 보행 자체가 불편해지면서 집오리처럼 뒤뚱거리며 걷게 된다는 것은 말할 것도 없다.

길거리는 대부분 넝마 쪼가리만 몸에 걸치고 있는 걸인들로 우글거리지만, 그런데도 제대로 된 신발을 신지 않은 거지를 나는 단 한 명도 보지 못했다.

도박을 좋아하는 청나라인

청나라인은 천성적으로 도박을 좋아해서 길거리마다 도박장이 있고 동전을 손 안에서 쉴 새 없이 뒤집고 있는 작은 점포 주인도 하룻밤 사이에 수천 피아스타를 허망하게 잃어버린다. 그뿐만 아니라 노상에서 많은 사람들이 몰려들어 온갖 종류의 노름판을 벌이고 있는 장면도 쉽게 목격할 수 있다.

한쪽 어깨에는 휴대할 수 있는 풍로를 메고 다른 어깨에는 기름으로 구운 뜨끈뜨끈한 떡이 가득 담겨 있는 바구니를 멘 채 길거리를 다니면서 장사를 하는 사람들도 흔하다. 그들의 손에는 언제나 영업 중이라는 별난 표시로서 한자로 뭐라고 적힌 막대기

↑ 1865년 경 베이징 거리의 사람들

들이 꽂혀 있는 대나무 원통이 들려 있다. 이 원통을 흔들어서 나는 소리로 통행인들의 주의를 끈다.

떡을 좋아하는 사람은 엽전 몇 닢을 걸고 대나무 원통에서 막대기 하나를 뽑는데, 거기에 적힌 한자에 따라서 식사 한 끼를 대충 때울 수 있는 떡 두서넛을 따든지 아니면 건 돈을 모두 잃게 된다. 얼마나 도박에 환장했는지 가난한 막일꾼들도 따기가 수월치 않다는 이유 하나만으로 떡값보다 서너 배의 돈을 건다.

중국에서 도박은 단순하게 물질적 이득만을 의미하는 게 아니라 천지신명의 가호를 확인하고 하늘의 섭리를 알기 위한 것이기도 하다.

그래서 사찰마다 불상 앞에서 절을 하며 큰 소리로 소원을 비는 선남선녀들을 볼 수 있다. 그러고 나서 그들은 대략 길이 23센티미터, 폭 10센티미터의 볼품없는 나무 조각을 땅에다 네 번 던지는데 한 번 던질 때마다 나무 조각이 어디에 떨어졌는지 확인한다. 그러고는 절 한켠 구석진 방에서 상 앞에 앉아 있는 한 스님에게로 가는데, 상 위에는 한자가 새겨진 막대기들을 꽂아놓은 대나무 원통이 몇 개 놓여 있다.

신자들이 스님에게 엽전 몇 닢을 건네주면 스님은 신비로운 글자가 들어 있는 원통을 몇 번 흔들다가 신자들에게 내민다. 그러면 그들은 막대기 세 개를 뽑아들고, 마음을 졸이면서 신명(神明)의 말씀인 가호를 확인한다.

수많은 청동 천문기기를 갖추고 있어 중요한 위치를 점하는 관상대를 찾아갔다. 그곳 소장품 중에는 지름이 2.6미터인 천구의(天球儀)도 있다. 관상대는 문이 닫힌 상태였다. 1620년경에 독일 쾰른 출신의 박학다식한 선교사 요한 아담 샬(Johann Adam Schall, 소현세자가 두달간 베이징에 머물 때 그와 인연을 맺고 그로부터 천주교와 서구 과학문명에 대한 여러 지식을 배웠다 - 옮긴이)이 세운 곳이다. 219년간 중국인에게 매우 유용하게 사용되었고 앞으로 201년간 더 유용하게 사용될 그 유명한 420년간의 중국력(中國曆)도 그가 만들었다. 그는 2066년까지 모든 일식과 월식을 한 치의 오차도 없이 정확하게 기록했는데, 망원경이 발명되지 않았던 시절에 이런 일을 해냈다는 것을 고려한다면 더더욱 놀랄 만한 일이다.

나는 이 위대한 천문학자의 무덤을 보러 관상대에서 16킬로미터 떨어진 천주교 묘지에 갔다. 그의 무덤은 다른 무덤보다 다섯 배는 더 컸기 때문에 별 어려움 없이 찾을 수가 있었다. 중국인들은 위대한 인물들에 대한 경의를 묘비의 크기로만 표시하는 게 아니라 묘와 비명이 새겨진 묘비 사이의 간격을 통해서도 나타낸다. 저명한 샬의 마지막 안식처는 그의 묘비에서 10미터 이상 떨어져 있었다. 이에 비해서 다른 묘소의 경우는 2미터도 되지 않았다. 이것만으로도 중국인이 위대한 독일 과학자의 업적에 대하여 얼마나 경외심을 가지고 있는지 쉽게 짐작할 수 있다.

중국어와 라틴어로 새겨진 그의 비문에는 샬의 인생 역정과 유명한 선교사이자 천문학자가 선택한 제2의 고향을 위하여 이룩한 위대한 행위와 업적을 기리는 많은 치사가 적혀 있다. 묘비는 그가 1591년 쾰른에서 태어나서 1666년 베이징에서 사망했다고 기록하고 있었다.

옛 영화는 사라지고
잡초만 무성한 궁궐들

　　　　　　　한족 거주지역에 위치한 극장에 가는 길
에 다시 황성과 만주족 거주지역을 지나갔다. 둘레 12킬로미터,
높이 8미터의 성벽으로 둘러싸인 쯔진청(紫禁城)을 지나왔다. 이
곳은 황실 일등 고관들만이 드나들 수 있는 곳이다.
　　　이 나라의 관습은 황제가 궁을 비우는 것을 허락하지 않는다.

↑ 폐허가 된 원명원(토머스 차일드 촬영, 1875년경).
1860년 10월 18일 영국대사 엘진 경은 예수회 건축가들이 건륭제를 위해 지은 여름별궁을
파괴하라고 명령했다. 같은 날 청은 영국의 추가 요구를 받아들였다.

성벽으로 둘러싸인 이곳은 통치자의 거처라기보다는 감옥이라고 표현하는 것이 더 옳을 듯싶다. 중국 황제는 이 성벽 뒤에서, 전체 유럽 인구보다도 1.5배나 많은 백성들을 통치했다. 비빈(妃嬪)들의 치마폭 속의 폭신한 안락함과 고관들의 아첨에 둘러싸인 채 중국 황제는 나라를 다스리는 데 필요한 경험과 지식을 취해야만 한다.

1860년 프랑스와 영국 연합군이 원명원(圓明園, 청나라 때 베이징 교외의 하이뎬에 지은 이궁 - 옮긴이)을 불 질렀을 때 베이징에 있는 황제의 감옥마저도 파괴했더라면 정말이지 인류를 위해서나 중국 문명의 엄청난 진보를 위해서나 대단히 유익하지 않았을까 싶다. 그렇지만 당시 프랑스와 영국 연합군이 하지 못했던 일이 지금에 와서야 하늘의 뜻에 의해 실현되고 있지 않나 싶기도 하다. 왜냐하면 수백 년 동안 보수하지 않고 방치된 담이 하룻밤 새에 무너질 수 있기 때문이다.

나는 담 안쪽을 들여다보려고 근처에 있는 망대에 올랐다. 단층으로만 건조된 정전(正殿), 그것보다 규모가 작은 몇몇 전각들과 사원, 그리고 화려한 정자들로 꾸며진 넓은 정원이 보였다. 그러나 오랜 세월 전혀 돌보지 않은 듯 쇠락해 보였다. 울창하게 자란 나무들과 잡초들이 전각, 사원, 그리고 정자에 얹어진 청기와 사이로 삐죽이 나와 있다. 정원에서는 멀쩡한 대리석 다리 하나 찾아보기 힘들다.

그러고 나서 나는 광명의 사원(景敎(기독교의 일파 - 옮긴이)사원), 공자 사당, 그리고 높이 24미터의 불상이 봉안된 사원을 둘러보았다. 이 사원에 있는 것들은 죄다 쇠락하고 너저분하게 방치되어 있어서 유럽의 유명한 건축가들을 돋보이게 할 정도였다. 신상에 입혀졌던 의복과 벽에 치장했던 화려한 수들은 찢긴 채 아래로 매달려 있고 창틀은 일부 부서졌으며 유리 대신에 사용하는 창호지는 여기저기 찢어져 있다. 비바람과 무성하게 자란 잡초들로 인해 손상된 돌담과 기와는 보수되지 않은 채 방치되어 있다.

몰락하고 부패한 현 세대가 과거에 수십억을 들여서 지은 우수한 건축물들을 폐허 더미로 내버려두는 것을 지켜본다는 것은 정말 애통하고 통탄할 일이다. 한 사원에 일꾼 둘만 고용하더라도 건축물들을 잘 보존해 훗날의 세대들에게 물려줄 수 있을 것이다. 신들의 성전과 찬란한 선조들의 수많은 건축물들이 쇠락하도록 그냥 방치하는 엄청난 태만함은, 중국 통치자와 그의 백성들의 정신적 몰락과 도덕의 타락을 여실히 증명하는 것일 터다.

경극을 구경하다

마지막으로 내 마음을 사로잡았던 경극을 보러 한족 거주지역에 당도했다. 같은 거리에 극장이 세 개 있었으나 둘은 만원이었고 세 번째 극장의 위층에 자리를 얻을 수 있었다. 커다란 입구에 붉은 아가리를 크게 딱 벌린 용 두 마리가 그려져 있었다.

　극장 안의 구조는 유럽과는 아주 달랐다. 공연장 앞쪽에는 막도 아무런 장식도 없는 가로 세로 각각 8미터인 커다란 무대가 높직하게 놓여 있었다. 객석은 무대와 평행하게 놓여 있는 게 아니라 역방향으로 배열되어 있었다. 두 개의 의자 사이에 의자와 길이가 같은 60센티미터 폭의 탁자가 놓여 있었다. 관람석의 긴 벽면 쪽으로 바닥에서 3미터 떨어진 높직한 곳에 관람석이 마련되어 있었고, 그곳은 아래층 관람석과는 달리 의자와 탁자들이 횡렬로 배치되어 있었다.

　객석은 관객들로 꽉 차 있었는데, 모두 먹성 좋은 손님들인 듯했다. 탁자마다 화주, 찻주전자, 빵, 다양한 과일잼, 멜론, 포도, 야채, 쌀, 사과, 배, 담뱃대, 담배, 그리고―앞에서 언급한 대로―무겁고 더러워서 주머니에 넣고 다닐 수 없는 납과 아연으로 만든 볼품없는 엽전꾸러미가 담겨 있는 그릇들이 풍요와 부를 상징하는 듯 놓여 있었다. 아무것도 하지 않고 가만히 앉아만 있는 사람들은 한 명도 없었다. 그들은 뭔가 먹든지 마시든지 아니면 담배를 피우고 있었다. 중국에서는 지체 있는 여인네가 극장에 오는 것은 조신하지 못한 일이라고 여기는 탓에 공연장에는 남자들만 있었다.

　무대는 황금색으로 글자가 새겨진 네 개의 나무기둥으로 치장해놓았다.

　천제의 나라에서는 배우들을 백안시했고 관습상 여성이 경극에 종사하는 것을 금했다. 이런 연유로 여자 역은 모두 여성스러운 외모와 긴 머리 그리고 부드러운 목소리로 여자 역을 자연스럽게 소화해낼 수 있는 여장 남자배우가 맡는다. 의상은 남자역이나 여자역이나 모두 적색, 황색, 청색, 초록색, 백색의 비단옷에 아름다운 비단실이나 금실로 수가 놓여 있다. 머리 둘레를 둥그렇게 땋아 올린 여자배우들의 머리에는 멀리서 보면 진짜 다이아몬드처럼 보이는 수많은 유리 장식들이 번쩍거렸다.

무대에는 촘촘히 수를 놓은 형형색색의 비단 깃발들이 쉴 새 없이 나부꼈다.

처음 15분간은 신화시대의 영웅적 서사시로 쓰인 비극적 장면이 상연되었다. 배우들의 연기는 흠잡을 데 없었다. 그러고 나서 음악과 노래가 곁들여진 극이 따랐다. 아주 납작한 북, 공, 그리고 괴상하게 생긴 현악기로 편성된 악단은 음조가 전혀 맞지 않는 음악을 연주했고, 배우들도 마찬가지로 유럽인들의 귀에는 대단히 거슬리는 고성을 내질렀다. 그런데도 관객들은 매료된 듯이 멈출 줄 모르고 환호를 보내면서 대단한 만족감을 표현했다. 중국에서는 박수로 갈채를 보내는 것을 모른다.

20분이 채 안 되는 극적인 장면이 끝난 후 중국어를 알아듣지 못해도 극의 흐름을 바로 이해할 수 있을 정도로 훌륭하게 연기한 익살스러운 극이 이어졌다.

중국 연극에는 막간이란 게 없어서 한 장면이 끝나면 휴식 없이 바로 다른 장면으로 이어지기 때문에 곧바로 비극적인 장면이 진행되었다. 입장료는 0.5피아스타였고 거기에는 음식과 담배가 포함되어 있었다.

와인 대신
화주와 함께한 저녁식사

저녁 7시였고 아침 5시 이후로 아무것도 먹지 못했다. 베이징을 구경하겠다는 욕심이 그때까지 배고픔마저 잊게 했던 것이다. 하지만 이제 내 위장은 자신의 권리를 주장했다.

나는 아촌과 함께 극장을 빠져나왔고, 근처에서 그럭저럭 만족할 만한 – 청나라에서 늘상 볼 수 있는 지저분하다는 것 말고는 – 식당을 발견하고 무척 반가웠다.

나는 괜찮은 저녁식사를 부탁했다. 연와(燕窩) 두 점을 탕에다 넣을 건지 내 의사를 물어보려고 주인이 다가왔고, 한 개를 추가할 때마다 2피아스타(대략 12프랑)를 내야 한다는 말도 잊지 않았다. 자바 섬에서 그것을 대량으로 보았지만 아직 한 번도 맛을 본 적이 없었던 터라 나는 기꺼이 그러라고 했다.

중국 요리에서 이 국은 유럽의 요리 코스에서 후식에 해당한다. 처음에는 소금을 넣고 찐 야채, 샐러드, 오이, 그리고 기름과 약간의 우유로 간을 한 콩죽이 나왔다. 나이프, 포크, 수저 대신에 젓가락을 가져다주었다. 나는 이 도구를 다뤄보려고 시도했지만 헛수고였다. 고기 한 조각 입에 넣는 것조차도 힘들어 결국 식당 손님들의 웃음거리가 될 각오를 하고 내 프록코트의 소매를 위로 걷어올린 채 아랍인들이 하듯이 손으로 먹기 시작했다.

딱한 내 처지를 눈치 챈 주인이 마침 이쑤시개 하나를 가져다주어서 나는 얼씨구나 하고 그것을 받았다. 허기로 나의 손놀림은 빨라졌고 포크로 먹는 것만큼이나 재빨리 먹어치울 수 있었다.

다음 코스로 잘게 썰어서 진하게 양념을 한 고기와 생선 두 점이 나왔다. 중국에서는 접시를 사용하지 않는다. 와인을 청하자 청나라에는 와인이 없다는 답변이 돌아왔다. 그 대신에 기다란 받침이 달린 잔 모양의 주석 병에다 메이구이지우(玫瑰酒)라고 하는 아주 독한 화주(火酒)를 가져다주었다. 마지막 코스로 길쭉하게 썬 연와 두 점을 넣은 탕이 나왔다. 청나라 사람들이 하듯이 그릇을 입에 댄 채 젓가락을 사용해서 연와 조각을 입에 가져갔다. 아무런 맛이 없었고 어교 맛이 났다. 바타비아(인도네시아의 수도 자카르타의 옛 이름-옮긴이)에서 나는 연외를 구운 다음 위에다 설탕을 뿌려서 먹는 청나라 사람들도 보았다. 처음부터 이런 방법으로 요리를 한다면 맛이 훨씬 더 좋지 않았을까 싶다. 자바에서나 중국에서는 아편 복용에 따른 비참한 결과로 이것을 강장제나 중화제로 먹는다.

3장

가장 위대한 건축물, 만리장성

위대하고 창조적인
민족의 삶은 흔적만 남아

오르는 길이 고될 거라는 생각을 하니 덜컥 겁이 나기도 했지만 그런 만큼이나 만리장성을 보고 싶은 욕구도 커졌다. 그래서 될 수 있으면 빨리 구경을 마치고 돌아와서 베이징에서 8일간 더 머무를 작정이었다. 구베이커우(古北口)를 다녀올 수 있게 수레 두 대와 안장이 된 말 한 필을 구해오라고 아춘을 서둘러 내보냈다. 5월 2일 이튿날 새벽 4시경, 나는 스님들과 작별인사를 나누고 북쪽으로 길을 떠났다.

성문에 이르는 데만도 한 시간이 넘게 걸렸을 정도로 베이징은 거대하다. 성벽 안에서 700만 명은 족히 살 수 있을 듯한데, 짐작하건대 실제 인구는 100만 명도 채 되지 않는 것 같다. 새벽 일찌감치 도성을 지나서 갔기 때문에 거지 떼에게 성가심을 당할 염려가 없었고, 덕분에 아주 즐거운 마음으로 주변의 풍경을 감상할 수 있었다.

길거리에는 커다란 흰빛 화강석으로 오래전에 포장했던 흔적들이 자주 눈에 띄었다. 돌로 지은 오래된 하수시설의 잔존물, 파손된 기둥머리와 추녀의 돌림띠를 도처에서 목격할 수 있었고, 일부는 파손되고 일부는 온전한 조각들이 거리의 오물 더미 속에 묻힌 채로 있었다. 위풍 있는 화강암 다리들이 눈에 많이 띄었지만 그 중 반은 이용하지 못하고 피해가야만 할 정도로 붕괴되어 있었다.

이 모든 것들로 미루어본다면, 지금은 몰락하고 타락한 인종이 거주하고 있지만 과거에는 위대하고 창조적인 민족이 살았으며, 지금은 지저분하기 짝이 없는 거리에 단층의 초라한 오두막만 보이지만 옛날에는 화려하게 포장된 거리들과 커다란 집들 그리고 위풍당당한 궁궐들이 있었다는 말이 맞기는 한 것 같다. 정말 이곳이 과거에는 화려한 수도였단 말인가? 베이징의 웅장한 성문과 성벽이 말해주듯이 그것을 의심할 여지는 없다.

지금 눈앞에 펼쳐지는 이 따위 도시를 지키기 위하여 이런 위대한 건축물들을 짓지는 않았을 것이다. 절대로! 나는 계속해서

길을 갔다. 아촌은 이륜수레 한 대에 짐을 싣고 탔으며 머릿속에
는 온통 잠 생각뿐이라서 베이징의 성벽이나 경치를 음미할 마음
은 눈곱만큼도 없어 보였다. 나는 말을 타고 갔으며, 혹시나 말이
나를 곤경에 빠뜨릴 경우를 대비해서 수레 한 대가 뒤따랐다. 실
제로 그 이튿날 정오께 그런 사태가 발생했다. 피로에 지친 말이
절름거리기 시작하자 하는 수 없이 나는 말을 수레에 매달아서 말
탄 자세로 수레 채에 앉아서 가는 도리밖에 없었다. 나는 큼지막
한 아랍 터번을 두르고 있었지만 뜨겁게 내리쬐는 햇빛 때문에 무
척이나 고생을 했다.

청나라 사람들의 이방인 구경

　　　　　　청나라를 통틀어서 가장 깨끗한 도시라고
하는 큰 도시 구베이커우에 마침내 도착했을 때는 저녁 6시였다.
높은 산들로 에워싸여 있는 골짜기에 자리잡은 이 도시는 만주와
바로 인접해 있다. 이방인의 출현이 드문 일이라 나는 사람들의
이목을 끌기에 충분했다. 옷을 입은 오랑우탄이나 고릴라가 느닷
없이 나타나서 파리의 대로를 활보하는 것이나 산간 마을에 내가
나타나는 것이나 호기심과 놀라움을 불러일으키기는 매한가지일
것이다.

　　성문에 들어서기 무섭게 한 무리의 사람들이 나를 에워쌌다.

그들은 내 숙소까지 쫓아왔고 심지어 내 방까지 따라와 발 디딜 수 없게 만들었다. 어떤 사람들은 나를 구경하겠다고 창문을 통해서 안으로 기어 올라와서 창호지를 뚫었다.

내가 왜 중국식 복장을 하고 있지 않으며, 변발을 하지 않고 짧은 모발을 하고 있는지 그들로서는 도무지 이해가 되지 않는 일이었다. 그래도 미적감각이라고는 조금도 없어 보이는 이 정도의 취향쯤은 봐줄 수 있었을 것이다. 붓으로 위에서 아래로, 오른쪽에서 왼쪽으로 한자를 쓰는 대신 내가 이상하게 생긴 문자를 왼쪽에서 오른쪽으로 쓰고 있고, 더군다나 연필이나 펜 – 청나라에서는 전혀 알려지지 않은 – 으로 쓰는 것은 그들로서는 전대미문인지라, 그저 신기할 따름인 이런 모습을 아무리 구경해도 질리지가 않는 듯했다. 사람들의 호기심 때문에 아주 귀찮아졌지만 그렇다고 달리 어떻게 할 방도가 없었다. 5,6명이라면 장전되지 않은 피스톨로 사람들에게 공포심을 주어서 내칠 수 있었겠지만 6, 70명이나 되는 침입자들에 맞선다면 그들이 나중에 나를 거칠게 대할 수도 있다는 생각이 들어서 그럴 엄두도 내지 못했다.

이 사람들은 이촌에게 내가 무슨 목적으로 이곳에 왔는지 물었고, 유감스럽게도 그는 내가 만리장성을 보고 싶어한다고 말해 버렸다. 단지 돌덩이를 보기 위하여 이런 길고 험한 여행을 할 정신 나간 생각을 어떻게 할 수 있는지 그들로서는 당최 납득이 가지 않는 일인지라 그 말을 듣고는 다들 아주 큰 소리로 웃어댔다.

꼭 할 필요가 없는데 몸을 조금이라도 움직이는 것은 중국식이 아니라는 것을 깨달았다. 광둥에 있을 때 한번은 강에서 수영을 하는 동안 배 한 척을 빌려 나를 뒤따라오게 했었다. 그때 다른 배를 탄 사람들이 자나가다가 편안하게 배에 앉아 있지 않고 딱히 아무런 이유도 없이 사서 고생하는 나를 보고 괴이하게 여겨서, 수영하고 있는 나를 졸졸 따라온 적이 있었다.

잠자리에 누우려고 스테아린 양초를 끄자 그제야 비로소 사람들이 물러갔다. 피로로 완전히 녹초가 된 채 나는 목제 침상에서 곤하게 잠을 잤고, 아촌이 5시 반에 차와 밥 그리고 서너 개의 완숙 계란으로 차려진 상을 갖고 들어왔을 때에야 잠에서 깨어났다.

만리장성을 오르는
험난한 길

조반을 먹은 다음 나는 만리장성에 오르려고 안내책자를 챙겨서 길을 나섰다. 거리에 발을 내딛자마자 많은 사람들이 내 뒤를 따라오더니, 첫 번째 급경사와 만나는 곳까지 쫓아왔다. 하지만 번거로운 고생을 해야 한다는 두려움 앞에서는 그들의 호기심도 별수없었던지 성벽 양편으로 절벽이 펼쳐지자 체면치레상 따라온 아촌 말고는 모두 물러갔다. 이곳은 성벽이 어찌나 심하게 무너져 내렸는지 겨우 34센티미터 정도의

↟ 슐리만이 방문 당시의 만리장성 모습.

폭만 남아 있는 돌투성이 산등을 기어 올라가야 했다. 여기서 아촌 역시 용기를 잃고 포기해버렸다.

어쩔 수 없이 나는 홀로 길을 갈 수밖에 없었다. 대략 8킬로미터 떨어진 지점에 아주 높다란 바위 너머로 장성이 펼쳐져 있는 것을 보았다. 어떤 대가를 치르더라도 그곳에 올라가야만 했다! 하지만 50에서 54도 경사에다 심한 곳은 60도 경사로 성벽이 솟아 있는 다섯 개의 가파른 암석들이 통로를 차단하고 있어서 그곳에 오르는 게 쉬운 일은 아니었다.

이외에도 성벽이 거의 완전히 무너져 내린 암석의 협로를 통과해야만 했다. 양편으로는 낭떠러지가 입을 쫙 벌리고 있었다. 길이와 폭이 각각 60~65센티미터의 큰 돌로 지어진 성벽 외면은 경사가 30도 넘는 곳에는 모두 계단 모양으로 축조되었다. 기이하게도 가파르게 내려가는 비탈에는 성첩(城堞, 성벽 위에 쌓은 낮은 담 - 옮긴이)이 보존되어 있지만 이 밖의 다른 장소에는 더 이상 남아 있지 않았다. 가파른 산비탈을 오를 때 성첩 가까이 있으면서 뒤를 돌아보지 않은 게 천만다행이었다. 위험한 산등성이를 두 눈을 감은 채 엉금엉금 기어서 올라갔다.

명예심 하나로 버틴 채 인내심과 온 힘을 다해서 드디어 암석에 당도했다. 하지만 장성은 다시 2킬로미터 떨어진 지점에 있었다. 내가 서 있었던 바위보다 적어도 200미터는 더 높은, 서쪽 전망을 가리고 있는 암괴들 너머로 성벽이 뻗어 있다는 것을 알아차리고는 얼마나 기겁을 했던지!

　하지만 무슨 일이 있어도 꼭 가고 싶었기 때문에 나는 용기를 내어서 다시 발걸음을 옮겼다. 길지 않은 가파른 비탈을 몇 차례 오른 끝에 마침내 높이가 적어도 130미터가량에 60도 경사로 솟아 있는 널찍한 가파른 비탈길에 도달했다. 그곳 계단들은 폭이 8센티미터도 채 안 되는데다 암석 파편으로 뒤덮여 있어서, 그동안의 경사가 가팔랐던 코스를 다 합한 것보다도 훨씬 험했다.

　드디어 나는 정상에 올랐고 총안(銃眼)을 뚫어놓은 돈대의 전망대에 올랐다. 정오였고 다섯 시간 반 만의 일이었다. 내 눈앞에 펼쳐진 절경은 긴 여정의 험난함과 등반의 노고를 충분히 보상해주고도 남았다.

만리장성의 위용에
감탄하다

　　만리장성은 구운 게 아니고 가마에서 말린 벽돌로 축조되었다. 황토와 볏짚을 섞어서 만든 벽돌은 길이 67센티미터, 폭 25센티미터, 두께 17센티미터다. 성첩의 상판이 사라진 군데군데에 땜질을 하기 위하여 다량의 화강석을 사용한 흔적이 보였다. 2~2.5미터 높이의 성첩을 제외하고도, 성벽의 높이는 곳에 따라서 6.5~9.5미터까지 이른다. 따라서 성벽의 총 높이는 8.5~12미터 사이이며, 두께는 아랫부분이 6.5~8미터, 윗부분이 4.5~6.5미터에 이른다.

성첩에서 1.3미터 높이에 2.7미터의 규칙적인 간격으로 2미터 길이의 총안이 갖추어져 있었으며, 이는 대포를 쏘기 위한 것인 듯하나 중국 역사서에는 기원전 중국에서 화약이 발명되었다는 사실에 대해서는 아무런 언급이 없다.

두 개의 총안 사이마다 가로 세로 33센티미터짜리 구멍이 뚫려 있다. 직접 성벽에 딸린 것은 아니었지만 문을 통하여 서로 연결되어 있는 요새 혹은 성첩이 딸린 돈대들이 100~200미터의 일정하지 않은 간격으로 성벽 사이로 우뚝 치솟아 있었다. 이 돈대들은 높이 13.5~17미터, 폭 12미터이며 돈대의 토대는 길이 1.5미터, 폭 67센티미터, 두께 60센티미터의 화강석으로 이루어졌고 전부 2층 구조로 된 궁륭형이었다.

만리장성의 축성 시기는 기원전 220년인데도 유럽에서는 7세기에 아랍인이 발명했다고 알려진 원형아치가 돈대 여기저기에 보인다. 지금 이 글을 쓰는 동안에도 기원전 2000년 이전 상이집트 시절에 만들어진 베니하산(이집트 나일강 서쪽 연안, 카이로 남쪽 약 250킬로미터 지점에 있는 마을. 기원전 2000~1900년에 만들어진 암굴 분묘와 아르테미스를 모신 암굴신전으로 유명하다 - 옮긴이)의 무덤들에서 보았던 원형아치가 떠오른다. 그렇다면 중국인보다 먼저 이집트인이 아치를 발명했다고 할 수 있다.

돈대의 각층마다 높이 2.3미터, 폭 1미터인 총안이 열두 개씩 갖추어져 있었다. 그 안에는 경첩이 달려 있었을 만한 구멍들을 알아볼 수 있는데 이는 총안을 창문으로 닫을 수 있었다는 확실한 증거다.

이곳에서 위로 멀리 북쪽을 내다보면 산 너머로 만주 고원이 바라다보인다. 내가 서 있는 곳에서 900미터 아래로, 북쪽에서 흘러내리는 강이 가로질러 굽이치는 좁은 골짜기가 보인다. 논을 기름지게 하는 이 강은 수려한 도시 구베이커우를 두 지역으로 가르고 있고 그 중 한 곳은 반도에 자리잡고 있다. 맑고 투명한 물이 흐르는 강 지류가 그 반도를 휘돌아서 동쪽으로 펼쳐진 골짜기로 들어간다.

망원경으로 관찰해보니 거리 군중들의 움직임이 눈에 들어왔고 숙소 문지방에 앉아 있는 아춘도 알아볼 수 있었다. 과일나무들은 아직 싹이 나오지 않았지만 갓 나온 봄의 새싹들 속에서 빛을 발하고 있는 도시 주변의 아름다운 정원들은 탄성을 자아내기에 충분했다. 한 대대가 도시 외곽에서 총 쏘는 훈련을 하고 있었으며, 그 천둥 같은 소리는 메아리가 되어 산 속에서 사방으로 울려퍼졌다. 수많은 언덕들이 남쪽으로 쭉 뻗은 모습이 수려하기 이를 데 없었으며 그 언덕들 너머로 베이징 평야가 바라다보였다. 골짜기 저편 동쪽에서 솟아오른 수많은 암벽의 풍채는 더없이 장엄했고, 암벽 위로 끝이 뾰족한 장대한 산맥들이 우뚝 솟아 있었다.

산에서 골짜기를 따라 뻗어 있는 장성은 그만그만한 높이의 세 개의 성벽으로 갈라진다. 가운데 성벽은 도시를 관통해서 뻗어 있고, 다른 두 개의 성벽은 느린 포물선으로 도시를 에워싸고 있다. 세 개의 성벽들은 다른 편 골짜기의 정상에서 다시 하나의 장성으로 합쳐져서, 가장 높은 산마루에서 지그재그로 뻗어 나가다가 마침내는 톱니모양으로 줄지어 있는 바위 꼭대기에서 사라지더니 구름 속으로 자취를 감춘다.

망원경으로 보면 – 수많은 굽이들은 고려하지 않고 장성이 펼쳐져 있는 경로를 – 60킬로미터는 추적할 수 있다. 먼 구간은 볼 수 없지만 짐작하건대 장성은 동쪽으로 250킬로미터 이상 뻗어 있을 것이다. 서쪽으로는 굽이굽이 높은 산맥을 가로지르고 있는데, 거대한 암괴가 내 시선을 가로막고 있어서 28킬로미터가량의 거리만 조망할 수 있을 뿐 더 먼 경로는 따라잡을 수가 없다.

자바 섬의 화산 꼭대기, 캘리포니아의 시에라 네바다 산맥 정상, 인도 대륙의 거대한 히말라야 산, 남미의 코르딜레라스 평야에서 수많은 비경들을 만끽해보았지만 지금 내 눈앞에 펼쳐진 눈부신 만리장성의 절경에는 비할 바가 아니다.

놀라움과 당혹감, 감동과 희열에 빠져서 이렇게 경이로운 것들을 많이 볼 수 있다는 사실이 도무지 믿어지지 않았다. 내가 상상했던 것보다 훨씬 더 웅장한 만리장성 – 아주 어릴 때부터 듣기만 해도 강렬한 호기심이 발동했던 – 이 바로 내 눈앞에 펼쳐지고 있는 것이다. 공포감을 불러일으키는 돈대와 총안이 갖추어진 이 웅대한 변경 방어용 성벽, 가장 높은 산의 산마루에 펼쳐져 있는 이 장성을 감상할수록 태곳적 거인들이 만들어낸 환상적인 작품이라는 생각이 든다.

역사책을 통해서 이 장성은 대략 기원전 220년에 축성되었다고 알고 있는데 인간의 손으로 어떻게 가능했는지, 그리고 건축용 석재와 화강석, 골짜기에서만 만들어낼 수 있는 수십억 개의 벽돌들을 어떻게 거대한 암석투성이의 산맥으로 옮기고 포개어 짜맞출 수 있었는지 나로서는 도무지 상상할 수가 없다. 보아하니 성벽의 일부를 골짜기에서 축조한 다음 자재들을 이미 만들어진 상태로 옮겨 나른 것 같다.

위대했던 옛사람들에게 뾰족뾰족한 산맥을 가로지르는 이런 거대한 방어벽을 꼭 구축해야 했는지 묻고 싶다. 이 초인적인 몸뚱이야말로 북쪽에서 침략하는 적들에 대항하는 가장 강력한 성벽이 아니었을까?

장성을 구축하는 게 필요했다 하더라도 벽돌과 회반죽을 만들고, 화강석을 다듬고, 자재를 가파른 산으로 운반하는 데 필요한 수십만의 일꾼들은 도대체 어디에서 데려왔을까? 모든 굽이들까지 계산한다면 3,200킬로미터에 이르는 장성에 부속된 2만 개나 되는 돈대들을 망군(望軍)들로 충당하기 위해서는 얼마나 많은 인력이 필요했을까? 게다가 장성이 산속에서처럼 한 겹으로만 뻗어 있는 게 아니라 이곳 골짜기처럼 삼중으로 펼쳐져 있으며, 자연적인 위치상 방어하기 힘든 협로에도 삼중으로 구축된 것을 감안해보라.

가장 위대한 건축물이
아무도 돌보지 않는 묘비가 되다

만리장성은 수세기 동안 소홀하게 방치되었다. 돈대의 총안에는 수비병은 간 데 없고 평화롭게 노니는 비둘기들이 둥지를 틀고 있다. 성벽은 위험하지 않은 도마뱀들로 우글거리고 노란색, 보라색 꽃들이 지천으로 피어 봄을 알리고 있다. 말할 것도 없이 만리장성은 인간의 손으로 지어진 것 중에서 가장 위대한 건축물이다. 하지만 지금은 위대했던 과거의 묘비가 되어, 장성을 가로지르는 협곡에서 그리고 장성을 뚫고 지나가는 구름 속에서 청나라의 몰락을 가져온 부패와 퇴폐에 대하여 침묵으로 항의하고 있다.

이루 말할 수 없이 장엄한 풍광에서 눈을 뗄 수가 없었던 나는 기꺼이 저녁까지도 돈대에 머무를 수 있었지만, 태양은 작열했고 목이 어찌나 타던지 이 고즈넉한 장소를 떠나야만 했다. 여섯 번째와 다섯 번째의 널따란 산비탈에서는 손을 뒤로 하고는 기다시피 해서 간신히 내려왔다. 그리고 꾸불꾸불한 오솔길을 지나서 산기슭에 당도했다.

몇 군데는 배를 바닥에 대고 미끄러져 내려와야만 할 정도로 오솔길이 가팔랐다. 이런 상황에서도 망원경과 길이 67센티미터의 견고한 벽돌 하나를 등 뒤에 묶어서 무사히 가지고 내려올 수 있었다.

아래로 내려오자 나는 망원경은 허리띠 지갑에 꽂고 벽돌은 손에 들었다. 도시에 들어서기 무섭게 한 무리의 사람들이 나를 둘러쌌다. 아낙들과 부랑아들이 손가락으로 벽돌을 가리키면서 나한테 뭐라고 외쳤다. 아마도 22킬로그램이나 나가면서 아무짝에도 쓸모없는 돌 따위를 힘들게 들고 있는 나를 정신 나간 사람으로 여기는 것 같았다.

친절하고 소박한
구베이커우 사람들

"슈이(물)!"라고 딱 한 단어만을 내뱉고는 목이 타서 거의 쓰러질 것 같다는 시늉을 했다. 사람들은 지체하지 않고 바구니로 싼 병에 방금 막 떠온 물을 가져다주었지만, 거기에 대한 대가를 받으려 하지 않았다. 사실 그런 호의는 청나라를 여행하는 동안 처음 있는 일이다. 다른 청나라인에 비해서 이곳 사람들은 유난히 호기심이 많긴 하지만 친절하다는 평판이

나 있다는 것을 말하지 않을 수 없다.

신기할 정도로 이 도시 어디에서도 걸인을 찾아볼 수 없는 것으로 봐서 이 산간 주민들은 살림이 넉넉한 듯싶다. 청나라에서 가장 깨끗한 도시라는 정평이 나 있는 것도 이 때문이 아닐까 싶다. 소박한 천으로 옷을 지어 입기는 했지만 말쑥한 차림 덕분에 어느 정도의 단아함도 없지 않았다.

중국 여성들이 교태를 부릴 수 있는 유일한 곳은 변조된 조그만 발뿐이다. 도덕의 문란 같은 것은 아직까지 이곳 산간 주민들에게서는 찾아볼 수 없다. 남정네나 부녀자 그리고 아이들은 건강하고 튼실했다. 그들의 불그스름하게 달아오른 볼은 이곳 기후

가 몸에 좋으며 그들이 아편을 멀리하고 있다는 것을 말해준다.

남쪽 지방에서는 이 독에 중독된 사람들이 널리 퍼져 있어, 창백하고 무표정한 얼굴 일색인 반면에 북쪽으로 올라올수록 이런 경향은 점점 줄어들고, 톈진과 베이징만 해도 이 마약성 진통제로 인한 폐해는 소수의 사람들에게서만 찾아볼 수 있다.

지금 내가 묵고 있는 숙소는 괜찮은데, 이는 청나라 여시치고는 괜찮다는 말이다. 여느 집들처럼 이 숙소도 단층이며 커다란 입구가 두 개 있고 창문은 거리로 나 있지 않다. 문 위에는 아주 현란한 색상으로 주신(主神)들 가운데 하나를 그린 큼직한 그림이 걸려 있다. 이 집 안의 문 위에서는 똑같은 그림들을 발견할 수 있다.

건물 몸체는 거리 쪽으로 나 있고 거기에는 부엌과 마부나 신분이 낮은 여행객을 위한 식당이 있다. 그리고 오른편과 왼편으로 수레를 세워두는 안마당이 나오는데, 여기저기 가축들에게 먹일 여물통들이 보인다. 안마당 뒤쪽 끄트머리로 방 세 개와 그보다 작은 방 두 개가 딸린 두 번째 건물이 서 있다. 각 방은 가로 세로 4미터인데, 커다란 돌판으로 깐 잠자리가 방의 반을 차지한다.

방마다 가구라고는 테이블과 등받이 없는 의자 두 개가 덜렁 있을 뿐이다. 반쯤 누워서 식사하는 손님들을 위하여 침상에는 높이 33센티미터가량의 상도 놓여 있다. 이 상은 아편할 때, 작은 등과 흡연 때 필요한 여타 도구들을 올려놓는 데 사용되기도 한다.

중국에는 태풍이라고 부르는 회오리바람이 몰아닥치곤 한다. 베이징에 도착한 날에도 갑자기 맹렬하게 불어닥친 태풍이 커다란 돌로 문 앞에 고정시켜놓은 장막을 쓸어가는 것을 영국 공사관의 한 보초가 보았다. 그는 장막을 붙잡았지만 돌풍이 어찌나 맹렬했던지 장막과 함께 건물 위로 휩쓸렸다. 보초는 공포감에 사로잡혀 천을 놓았는데, 땅으로 떨어지면서 대퇴부가 두 번 부러졌다.

4장

상하이, 전통과 서양 문물의 혼돈 속에서

톈진에서 상하이로

만주와 인접하고 있는 구베이커우에서 머무는 동안에는 글을 쓸 짬이 좀처럼 나지 않았다. 나는 바로 베이징으로 돌아가서 그곳에서 며칠간 더 머물렀다. 청나라의 이륜수레에 슬슬 싫증이 나고 있던 터라 나는 큰 배를 하나 빌려서 바이허강 하류를 따라 톈진까지 갔다.

승무원 여덟 명이 이끄는 40톤짜리 배를 얻는 데 3피아스타(18프랑)만 지불하면 될 정도로 청나라의 임금 수준은 낮다. 수레를 타고 여행하는 동안에도 이것저것 감내해야 할 것이 많았지만, 배를 타고 가는 동안 내내 비가 퍼부어대서 고생이 훨씬 더 심했다. 그도 그럴 것이 넓이 2제곱미터, 높이 1.3미터밖에 안 되는 좁은 선실에 갇혀서 온종일 시간을 보내야 했던 것이다. 탁자나 의자도 없어서 서지도 앉지도 못한 채 말이다. 창도 나 있지 않았고, 지붕은 창호지를 바른 미닫이창으로 되어 있었으며, 쉬지 않고 억수같이 퍼붓는 비 때문에 미닫이 덧문 같은 것으로 지붕을 닫아놓지만 않았다면 빛이 안으로 충분히 들어왔을 것이다. 엎친 데 덮친 격으로 계속 역풍을 만나는 바람에 선원들은 힘겹게 배를 밧줄에 끌고 나가야만 했고, 3일 꼬박 걸려서 마침내 톈진에 도착했다.

여기서부터는 증기선 예소호를 타고 상하이로 갔다. 홍콩에 있는 M. M. 덴트 선박회사의 예소호는 거대하고 웅장한 기선이었다. 어렵지 않게 선실을 4인용으로 꾸밀 수 있었는데도 침대가 하나밖에 없는 것으로 미루어 원래는 화물선으로 사용할 목적으로 이 증기선을 건조한 듯싶다.

운임은 식대를 포함해서 80냥(720프랑)이었다. 식사와 와인은 훌륭했고, 유럽을 떠나온 이래 먹어보았던 것들에 비해 훨씬 맛이 있었다.

선장인 로버트 해너 케언스는 성심 성의껏 승객들을 배려했으며 자신에게 주어진 임무를 성실히 수행했다. 증기선은 아무 탈 없이 순조롭게 항해를 해서 톈진에서 상하이까지 가는 데 이틀 반도 채 걸리지 않았다. 이에 비해 상하이에서 톈진까지 타고 온

M. M. 트라우트만 선박회사 소속의 증기선 윤체페이호는 닷새나 걸렸던 것이다.

극동에서 배 운임을 이렇게 비싸게 받는 것은 무엇보다도 상하이에서 영국산 석탄을 구입하는 데 1톤당 125프랑이라는 엄청난 금액을 지불해야 하기 때문이다.

이에 비해서 영국에서는 1톤당 10실링(12.5프랑)이면 구입한다. 더군다나 석탄은 청나라에서도 충분하게 나며, 심지어 베이징 부근에는 양질의 석탄 광산이 있다. 증기기관을 이용하여 석탄을 채굴한다면 1톤당 10실링도 주지 않고 석탄을 베이징으로 공급할 수 있는 것이다.

하지만 뭐든지 새것을 도입하는 것에 대해, 특히 증기기관에 대해서 거부감이 심한 청나라 사람들은 굳이 손으로 석탄을 캐내고 있다. 임금이 제아무리 낮다고 한들 채굴 비용이 이렇게 많이 드니 1톤당 200프랑 아래로는 베이징에 내다팔 수 없게 되는 것이다. 그 결과 베이징에는 세계에서 가장 풍부한 석탄 광상(鑛末)이 있는데도 청나라산 석탄 값은 비쌀 수밖에 없다. 4만 4,800킬로미터나 떨어진 영국에서 톈진까지, 그리고 톈진에서 다시 마차나 바이허강을 이용해 베이징까지 운반해야만 하는 영국산 석탄과는 경쟁이 되지 않는 것이다.

조상의 산소는
신성불가침 영역

청나라 정부는 국민의 지능을 높이는 데 기여하는 시도라면 무엇이든 반대를 해야 4억 인구를 더 잘 통치할 수 있다고 믿고 있다. 증기기관이 도입되면 노동자들이 삶의 터전을 잃게 될 거라는 식으로 선전함으로써 국민들에게 새것에 대한 막연한 적대감을 부추기고 있는 것이다.

사정이 이렇긴 하지만 빈곤이 극심해지면 청나라 정부는 조만간 석탄 산출로 얻는 부에 시선을 돌릴 것이고, 증기기관을 이용하여 석탄을 채굴할 수밖에 없을 것이다. 어쨌든 베이징의 골짜기에서 기관차의 기적소리가 울려 퍼지려면 아직도 몇 세대는 흘러야 한다. 철도가 개설되면 하천 운송이 완전히 고사되고 노동자 계급이 몰락할 거라는 인식 말고도, 예부터 내려온 조상숭배 풍조가 철도 개설에 커다란 장애가 될 게 뻔하기 때문이다.

일반적인 공동 묘지는 도시에만 있고, 농촌에는 없다. 농부들은 가족의 시신을 자신들의 소유지에다 매장을 해서 묘석 대신에 원추 모양의 봉분을 만든다. 봉분의 크기는 고인에 대한 숭배 정도에 상응한다.

고인이 생전에 가부장제의 질서 안에서 어떤 지위에 있었는지는 봉분의 크기로 쉽게 식별할 수 있으며, 중국에서 이런 개인 산소가 없는 땅은 찾아보기 어렵다. '조상의 묘'로 불리는 이 산소는 신성불가침한 것으로, 이것을 훼손하는 것은 죽을 죄에 속한다. 아무리 중국이 타락하고 멸망한다고 할지라도, 조상의 묘를 모시는 것만큼은 절대로 소홀하지 않을 것이다.

4월과 10월 1년에 두 번 치르는 조상제례 때 봉분을 정성스럽게 다듬어서 다시 깔끔하게 해놓는다. 관습에 따라서 그 앞에 제수를 올리고 번제를 바친다. 또 저승에서 사용할 수 있게 고인에게 돈과 옷가지를 바치는데, 현명한 절약 방법으로 언제나 상징적으로 하얀 종이에 실물의 모양을 그린 다음에 태운다.

지난 4월 청나라를 여행하는 동안 조상숭배에 대한 흔적을 여기저기서 목격할 수 있었다. 경작지마다 이런 봉분들이 널려 있어서 아무리 그곳을 피해간다고 한들 편히 쉬고 있는 조상들을 방해하지 않고 신성한 민족의 풍속을 해치지 않으면서 철도를 개설한다는 것은 턱도 없는 일이다. 이 이유 하나만으로도 중국에 철도를 개설하려는 움직임이 있다면 봉기라도 일어날 게 뻔하다.

상하이 개항, 그 후

상하이항은 1846년에 개항했다. 이 항구는 일련의 조약(상하이항은 아편전쟁 결과 맺은 난징조약으로 개항했다. 난징조약은 광저우, 샤먼, 푸저우, 닝보, 상하이등 5개 항구의 개항을 요구했다 – 옮긴이)에 따라서 개항한 항구들 중에서 가장 중요한 위치를 차지하며 1년에 1억 프랑이 넘는 규모로 비단과 차가 수출되는 대규모 교역 장소이기도 하다.

상하이는 우쑹(吳淞)강 어귀에서 약 40킬로미터, 거대한 양쯔강에서 69킬로미터 떨어진 곳에 있다. 큰 해양 함선도 우쑹강을 지날 수 있어서 상하이는 해항(海港)의 모든 이점을 누리고 있으며 유럽과 광대한 중국제국을 연결하고 있다. 그렇지만 이곳 생활은 그리 편하지 않다.

우쑹강은 조수 간만의 차가 커서 항상 역류가 흐르기 때문에 익사할 각오를 하지 않고는 수영을 할 수 없다. 강물에 빠진 선원이 다시 물 위로 떠오르는 일은 아직까지 한 번도 일어나지 않았다. 또 하나 문제는 식수인데, 자주 마시면 몸을 상하게 하는 코냑과 물을 섞어서 마시지 않는 이상 물을 끓이지 않고는 아예 마실 수 없다.

이 밖에도 도시 주변은 악취가 심한 늪으로 둘러싸여 있어 콜레라, 열병, 이질, 천연두가 퍼지기 좋은 여건이기 때문에 이곳 기후는 건강에 아주 좋지 않다. 특히 무슨 저주로 이질, 천연두에 걸리기라도 하면 목숨을 구하기는 힘들 것이다.

한밤의 극장 풍경

5월 28일 밤 11시 15분, 내가 묵고 있는

콜로니얼 호텔 소유주인 미셀 씨와 동행해서 상하이에 있는 청나라 대극장에 갔다. 우리는 입장료로 각자 1피아스타와 함께 데리고 온 세 명의 시종들 입장료로 1.5피아스타를 지불했다. 공연은 11시 30분에 시작해서 새벽 5시 30분이나 6시경에 끝난다.

폭 27미터, 길이 30미터인 커다란 극장 안에는 뿔이나 유리로 된 등이 60개가량 비치고 있었고, 이 외에도 수지 양초가 꽂힌 가지가 달린 촛대가 20개가량 불을 밝히고 있었다. 5센티미터 높이의 큼지막한 빨간 양초는 어찌나 빨리 타들어가는지 얼마 되지 않아 반 토막짜리가 되었다. 모든 등마다 둘레에는 75센티미터 길이의 붉은 비단 술이 6개씩 달려 있었다. 아래층 관람석에는 각각 의자 10개가 배정되어 있는 탁자가 6개 놓여 있었고, 이어서 양쪽 열에는 각각 등받이 의자 12개가 놓여 있었다. 위층 객석에는 36개의 의자가 두 줄로 배치되어 있었다. 극장 뒤에는 각각 44석으로 된 열이 두 줄로 있었고, 이 벤치와 안락의자 뒤에는 22명의 사람들이 앉을 수 있는 좌석이 있었다. 거기다가 위층 관람석에는 아편 흡연자를 위하여 벤치와 안락의자가 22개 놓여 있었다. 이렇게 해서 공연장은 모두 320명의 관객을 수용할 수 있었다. 관객들은 서서히 들어왔고 새벽 1시경이 돼서야 비로소 공연장이 꽉 찼다.

입장료에는 늘 식사와 음료가 포함되었다. 우리가 자리에 앉자마자 종업원들은 녹차가 담긴 사발을 가져와서 뜨거운 물을 따

라주었으며 시안지우(紹興酒, 쌀로 만든 화주)가 담긴 튤립 모양의
잔, 노란 과실, 생으로 먹을 수 있는 검정색 껍질에 싸인 눈처럼
하얀 밤, 2수짜리 동전 크기의 작은 전과, 결정사탕, 멜론 씨앗,
떡 등을 우리 앞에 있는 탁자에 갖다놓았다. 종업원들은 관객들
에게 얼굴과 손에 난 땀을 닦으라고 따뜻한 물에 적신 아마 수건
을 15분마다 나누어주었으며, 몇 분 후에 수건을 걷으려고 다시
나타났다. 그들은 또 빈 잔을 재빨리 채워주기 위해 15분마다 찻
주전자를 들고 돌아다녔다. 화주가 담긴 잔이나 과실, 밤, 전과,
멜론씨앗, 떡이 담긴 그릇에도 손님이 먹어치운 만큼 다시 채워
넣었다. 얼굴을 훔칠 수건이나 마실 것, 먹을 것이 늘 떨어지지
않게 해서 극장에 대해 불평을 할 이유가 전혀 없었다.

　　처음 시작할 때는 여성 관객을 찾아볼 수 없었지만 자정이 지
나면서 새벽 1시까지 12세에서 16세 정도 되어 보이는 여자아이
들이 30명가량 하나둘씩 나타났다. 소녀들은 '마마의 쿨리' – 주
인마님 몸도 주무르고 머리도 손질하면서 마님을 수행하는 늙은
몸종을 이른다 – 한테 부축을 받아야 만 할 정도로 뒤뚱거리며
걸었다. 보아하니 그렇게 사람들에게 자신들의 발이 앙증맞게 작
다는 것을 보여주려는 듯했다. 극장에 온 이유도 오로지 이런 자
신들의 매력을 과시하기 위해서인 것 같았다. 다들 값비싼 옷을
입고서는 붉은 끈으로 장식한 머리를 발목까지 길게 땋아 내리거
나 결혼한 여자처럼 배 모양을 한 머리에 온갖 종류의 장식으로

치장을 하고 있었다.

극장에는 안내문이나 프로그램도 없었다. 다만 연극단원인 듯한 한 사내가 상아로 된 길이 90센티미터, 폭 14센티미터의 게시판을 관객들 앞에 내놓았고, 거기에는 밤 동안에 상연될 작품 목록이 붓글씨로 쓰여 있었다. 동시에 그는 배우들이 연기할 수 있는 작품 300개가 수록되어 있는, 청색 비단으로 된 150쪽짜리 책 한 권을 보여주었다.

1피아스타를 더 내면 상아 게시판에 공고된 작품 대신에 자신이 원하는 작품 하나를 선택할 권리가 생긴다. 실제로 몇 분 지나지 않아 변발을 한 장사치 여덟 명이 소극(笑劇) 6편과 희곡 2편 대신에 8피아스타를 내고 그들이 원하는 작품 8편으로 바꾸는 일도 있었다.

무대에 오른 작품은 영웅시대를 다룬 운문형식의 익살극이었고 공연은 경탄할 만했다. 개인적인 생각으로는, 일본인을 제외하고 청나라인처럼 소극을 이렇게 훌륭하게 연기할 줄 아는 민족은 아마도 없을 듯싶다. 가장 시시한 작품에서조차 청나라 배우들이 걸치고 나오는 금색 실로 수놓은 호화로운 비단 의상이 관객들의 큰 호응을 얻는 데 한몫 톡톡히 하는 것 같다.

또한 경탄을 자아내게 하는 것은 아무런 연습도 하지 않은 채, 청나라에서는 전혀 알려져 있지 않지만 유럽 배우에게 없어서는 안 될 프롬프터(연극에서, 무대 밖에서 무대 위의 배우에게 대사를 읽어주거나 동작을 지시해 알려주는 사람 - 옮긴이)나 감독의 도움 없이도 수백 개의 작품을 암기해내는 배우들의 뛰어난 기억력이었다.

베이징의 공연장이 너무 너저분해서 관람하는 데 조금 신경이 거슬렸던 것에 비해 이곳은 연출뿐만 아니라 의상도 훨씬 마음에 들었다. 가창과 연주가 곁들여진 극이 나오면 사방에서 우렁찬 갈채가 터졌다. 그렇지만 나로서는 노래나 연주가 관객에게 이런 열광을 받을 정도인지 납득할 수가 없었다.

아무튼 이런 종류의 음악이나 노래를 들을 때마다 나로서는 중국 민족은 화음이나 선율에 대한 감각이 없다는 확신이 들었을 뿐이다. 공(거대한 동판 모양으로 된 악기), 일종의 바이올린인 현악기, 피리, 북, 그리고 수많은 작은 대나무 줄기로 만든 악기들로 이루어진 악단은 뭐라고 묘사하기 어려운 소음을 낸다. 그럼에도 중국에서는 이런 음악을 예술이라고 여기고, 문명 세계에서 하는 것처럼 똑같은 열의와 헌신을 가지고 예술에 매진하는 이 분야의 대가가 있으며, 그들은 유럽의 유명한 많은 동료들처럼 음악성과 멜로디에 대한 감각의 부족함을 불협화음과 음량으로 때우려고 한다.

바다의 무법자, 해적선

청나라 해적 정크선의 돛은 항상 대로 된

자리로 만드는데, 보통 길이는 24미터이고 심지어 25미터짜리도 있다. 다량의 대나무 활대를 40센티미터 간격으로 전체 돛 폭 위에 가로로 대놓기 때문에 쉽게 돛을 늘리거나 줄일 수 있다. 대포가 6~14대 구비되어 있고, 많으면 20대까지 배치되어 있는 정크선도 자주 목격할 수 있다.

정크선에는 충분한 인원들이 타고 있으며 그들은 기회만 되면 언제든지 약탈을 할 준비가 되어 있다. 그들은 대개 일명 '악취단지'라고 하는 무시무시한 무기를 가지고 있다. 이 무기는 점토를 구워서 만든 항아리 모양인데 쏘면 가까이에 있는 사람들은 모두 질식할 정도로 냄새가 지독한 소이 로켓과 재료들로 채워져 있다. 그래서 해적들은 배에 승선한 사람들을 모두 한꺼번에 처치하기 위해 배를 습격하기 전에 늘 악취단지 하나를 선실 창을 통해서 투척한다. 그래도 사람들이 뛰쳐나오지 않으면 격투를 벌이기에 앞서 돛대에서 단지들을 상대편의 갑판에 내던진다.

내가 홍콩을 떠나기 전날, 해적 정크선 한 척이 이런 방식으로 덴마크의 쌍돛대 상선을 약탈했다. 그 배는 도시에서 12킬로미터 떨어진 항구에서 출항하는 참이었다. 해적들은 선장을 죽이고 장교 한 명에게 치명상을 입히고 나머지 승무원들을 포박하고 나서는 쌀 약 1,500가마니를 정크선에 옮겨 실었고, 그리고 나서 선체에 구멍을 낸 다음 배와 함께 가라앉도록 포박한 선원들을 배 밑바닥에 처박아 넣었다. 그런데 해적들이 물러나자마자 선원들은 포박을 푸는 데 성공했고 그런 다음 구멍을 막아서 홍콩 항구로 갔다.

유감이지만, 사람들이 몹시 두려워 할 정도로 대담하기 짝이 없는 해적선은 유럽인들이 지휘하고 있다는 사실을 말하지 않을 수 없다. 한 사례를 들자면, 두서너 달 전에 유럽인의 지휘를 받는 청나라 정크선 두 척이 해적들을 가득 태우고, 새벽 3시경 홍콩 항구에서 스페인 대형 선박을 습격하는 일까지 발생했다. 이때 스페인 선박은 영국 선박들 사이에 정박해 있었고 마닐라로 갈 화물이 적재되어 있었다.

일순간에 200명이 넘는 해적들이 승무원이라곤 20명뿐인 스페인 선박의 갑판을 기습했다. 하지만 노련하게 단도를 다루는 손놀림 덕분에 스페인 선원들은 해적 17명을 죽이고 한 시간 반 동안이나 불리한 싸움을 끌어갈 수 있었다. 스페인 선원들이 도움을 요청하는 소리는 부근에 정박해 있던 선박들에까지 들렸지만, 무슨 말인지 알아들을 수가 없었고 그저 자기네들끼리 싸움질을 하고 있다고 단정해버렸다. 해적들이 선박과 포함(砲艦)들로 가득 찬 항구에 정박해 있는 선박을 습격할 정도로 대담하리라고는 어느 누구도 상상하지 못했던 것이다.

이 때문에 아무도 스페인 선원들에게 도움의 손길을 주지 못했다. 새벽녘에 해적들은 목적을 달성하지 못한 채 도주해버렸다. 선원 한 명만이 다쳤을 뿐이었다. 홍콩 항구에서 출항한 후 사라

진 선박 열 척 중에 아홉 척은 해적들에게 약탈당한 후 침몰했다
고 보아도 무방하다.

일본편
1865년 6월 28일
에도에서 일본 여행기

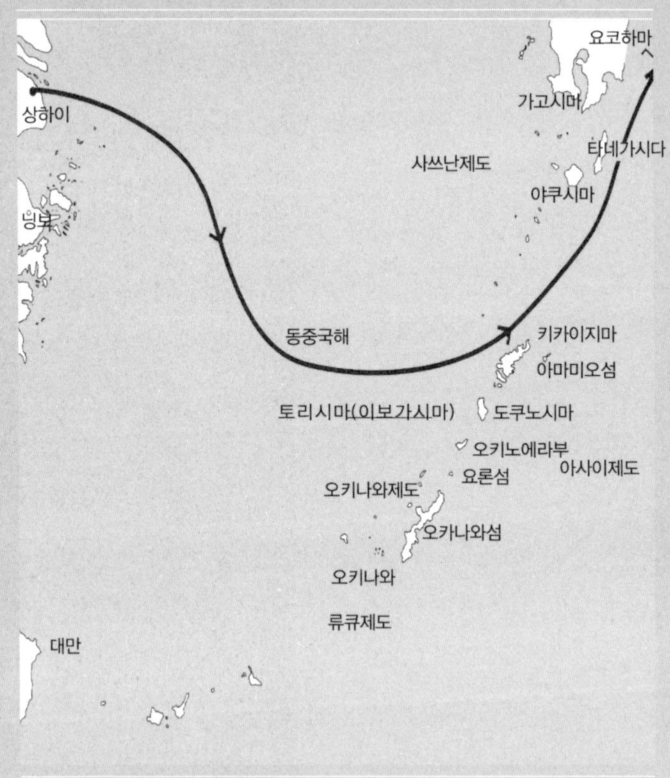

↑ 슐리만의 청나라에서 일본으로의 항해도.

5장

천황의 나라, 일본을 향하여

요코하마에 닻을 내리다

상하이에서 일본 요코하마(橫浜)로 건너가기 위하여 동양기선회사 소속의 베이징호에 승선했다. 항해 운임으로 100냥(900프랑)을 지불했는데, 보통 족히 3일이면 간다.

6월 1일 아침 6시쯤, 쾌적한 항해 끝에 일본 해역에서 첫 번째로 만나는 작은 바위섬이 시야에 들어왔다. 일본을 여행했던 사람들마다 한결같이 이 나라에 대해 열광적으로 얘기해서 언젠가 꼭 한 번 와보길 바랐던 터라 이 섬을 보자 뛸 듯이 기뻤다.

10시경 배는 지척에서 화산섬 이보가시마(硫黃島)를 지나서 갔다. 해발 833미터의 이 섬은 활발하게 분출하고 있었다. 짙은 연기가 맨 꼭대기 원추형 화산 분화구에서 솟아오르고 있고, 동쪽 측면에서 이루어진 두 번째 분화구에서는 지글거리는 용암이 넓게 흘러내리면서 우리가 타고 있는 배에서 약 4킬로미터 떨어진 바다로 들어가서 해면 위로 부글부글 끓어오르고 있었다. 용암이 분출하면서, 멀리서 들리는 천둥소리와 같이 땅 밑에서 꺼지는 듯한 둔중한 소리를 냈다.

기선 외륜의 쏴쏴 물 가르는 소리가, 해면 위로 200~600미터 솟구치다가 다시 물속으로 하강하는 수많은 날치들을 위협해서 번번이 쫓아내버렸다. 날치들은 멀리서 보면 물새와 엇비슷하다. 때로는 배의 갑판 위로까지 날아오기도 했다. 그때마다 선원들은 그것을 잽싸게 잡곤 했는데, 이 어류는 네덜란드산 청어보다 두 배는 크고 맛이 좋았다. 이 생선은 중국과 일본에서 즐겨 먹는다.

저녁 7시경 배는 열대수로 울창한 산악 해변가가 펼쳐진 수려한 섬 규슈(九州)를 따라서 항해했다.

승무원들은 중국인, 말레이인, 봄베이(뭄바이) 부근 출신의 인도인, 마닐라 원주민, 영국인, 아랍인, 아프리카 잔지바 섬의 흑인들로 구성되어 있었다. 흑인들은 중앙아프리카의 지글대는 불볕 아래에서 태어났으니 화덕 사이의 좁은 통로에서 65.5도의 살인적인 열기를 몇 시간 동안 잘 견뎌내리라는 이유로 화부로 고용되었다. 일등석에는 18명의 승객이 타고 있었고, 그들은 대부분 유럽 출신이었다.

6월 3일 오전 10시쯤 약 240킬로미터 떨어진 지점에서 만년설로 덮인 산봉우리가 구름을 뚫고 솟아 있었다. 해발 4,725미터(실제로는 해발 3,776미터 – 옮긴이)의 그 유명한 후지산(富士山)이었다. 일본인에게는 신령스러운 산으로 도처에서 사람들이 순례를 오는 곳이다.

요코하마에 가까워질수록 요코하마에서 128킬로미터밖에 떨어져 있지 않은 이 휴화산이 좀더 환하게 시야에 들어왔다. 4시께 우리가 타고 있는 배는 스바키곶(洲崎岬)과 사가미곶(相模岬) 사이 54킬로미터나 펼쳐진 광대한 에도만(灣)으로 들어왔다. 밤 10시경에 배는 요코하마 항구에서 닻을 내렸다.

청나리와는 모든 게 다른 일본
– 벌거벗은 사람들

이튿날 나는 뭍에 가보려고 일찌감치 일어났다. 부둣가를 거닐면서 이제 이곳이 청나라가 아니라는 사실을 실감했다. 청나라에서는 재앙을 막아준다고 믿는 커다란 두 눈을 뱃머리에 그려놓고 유성도료를 칠한 지저분하기 짝이 없는 무수한 작은 나룻배들이, 배가 들어올 때마다 그 주위를 에워싸곤 했다. 자루 같은 것으로 조그만 아이를 등에 업은 아낙 둘, 또는 발목까지 머리를 땋아 내린 사내 하나와 아이가 딸린 아낙 하나가 노를 저어 이런 배들을 부리곤 했다.

하지만 여기 일본에서는 건장한 사내 둘이서 노를 젓는 작은 나룻배들만 눈에 띄었다. 그들은 몸에 걸친 것이라고는 오로지 아주 기다란 띠(훈도시 , 에도시대에는 파벌꾼·임업 직공의 작업복으로, 메이지 초기에는 어부의 작업복으로 이용되었다. 당시의 훈도시는 작업복의 하나였고, 보통 속옷으로도 대신 사용되었다 - 옮긴이)였는데, 옷을 입었다고는 생각할 수조차 없었다.

목에서 무릎까지 온몸이 붉은색, 파란색으로 용, 호랑이, 사자, 남신과 여신이 그려진 문신투성이여서, 율리우스 카이사르가 브르타뉴 주민들에 대해 묘사한 대목을 똑같이 적용해도 될 듯싶다. "그들은 비록 옷을 입고 있지는 않았지만 그래도 최소한 몸에 색칠은 하고 있었다."

머리 모양도 이웃인 천제의 나라에 사는 사람들과는 확연하게 구분되었는데, 그들은 이마에서 정수리까지 8센티미터 폭으로 앞머리를 밀어버렸다(깎은 부분을 사카야키(月代)라고 부른다 - 옮긴이). 남아 있는 머리는 동백기름으로 번질거리게 발라놓았으나 땋아서 내려뜨리지는 않았고, 5센티미터 뒤로 머리카락을 흰 끈으로 한데 묶은 다음 말아서 같은 끈으로 머리 위에 고정시켜놓으면 호스같이 생긴 상투(촌마게, 丁髷)가 머리를 밀어버린 자리 한가운데에 놓이게 되고 이마 위 2.5센티미터에서 멈춘다. 가난한 뱃사

공이든 짐꾼이든 최고 부자인 다이묘(大名, 일본의 영주)든 누구나
이 머리모양을 하고 있으며, 이 밖의 다른 남자 머리 모양은 없다.

특이하게도 일본인은 거룻배나 돛단배에도 칠을 하지 않는다.
세계 여타 나라 사람들의 경험과는 다르게 일본인은 배에 칠을 하
지 않아야 내구성이 더 좋아진다고 주장한다. 청나라인이 항상
정크선 뱃머리에 그려넣는 두 눈도 일본에서는 찾아볼 수 없다.

'닛폰 무스코'의 명예

나는 짐을 가지고 사공 둘이서 아주 기다
란 노를 젓는 거룻배에 올라탔다. 노는 작은 회전축 위에 맞추어
진 채 가로로 놓인 버팀대 끝에 놓여 있었다. 또한 노는 밧줄로 배
바닥에 고정되어 있었다. 사공들은 배 후미에 서서 노깃으로 물을
가르며 나아갔고, 앉아서 옆으로 젓는 노는 필요하지 않았다.

거룻배가 방파제에 정박했을 때 사공들은 내가 4템보우(天保,
에도시대에 주조한 동전으로 4템보우는 13수에 해당한다 - 옮긴이)를
내야 한다는 뜻으로 손가락 네 개를 치켜올리더니 "템보우!"라고
말했다. 청나라에서는 사공들이 일에 대한 불평 불만까지 다 쳐
서 못해도 네 배는 더 부르는 것에 익숙해 있던 터라 일본 사공들
이 정확하게 지정된 가격만 받아 의외였다.

뭍에 내리자마자 내 짐을 대나무 장대 두 개에 고정시켜서 옮

기기 위해 짐꾼 두 명이 서둘러 내게 왔다. 두 사람을 가까이에서 보니 손과 다리, 몸에 군데군데 상처가 나 있고 극도로 심하게 긁은 자국들이 있었다. 나는 두 사람을 쫓아버리고 피부병에 걸리지 않은 짐꾼을 찾아보았지만 헛수고였다. 방파제에는 짐꾼들이 널려 있었지만 다들 피부병을 앓고 있었다.

결국 내 짐을 세관까지 옮겨줄 건장한 짐꾼을 구하는 데 30분이나 지체했다. 일본인에게는 공휴일이라는 개념이 없어서 일요일이었지만 세관은 문을 열었고 세관 관리 두 명이 상냥한 미소로 나를 맞았다. 그들은 땅에 닿을 정도로 머리를 깊이 숙이고 30초 동안 이 자세를 취하면서 "오하요우(안녕하세요)!"라고 말했다. 손짓으로 그들은 내 짐을 열어보라고 요구했다. 짐 검사라는 게 여간 번거로운 일이 아니어서 나는 두 사람에게 검사를 하지 않고 넘어가면 1이치부(一分, 에도시대의 화폐 단위로 1냥의 4분의 1이며, 2.5프랑에 해당한다 - 옮긴이)씩 주겠다고 제의했다.

그런데 뜻밖에도 그들은 돈을 받는 것을 사양했고 가슴을 치면서 말하기를 "닛폰 무스코(일본의 남아)"라고 했는데, 이 말은 돈 몇 푼 때문에 자신의 의무를 망각하는 짓은 명예를 실추시킨다는 뜻이었다. 그래서 나는 별수 없이 짐을 열 었는데, 그들은 별다른 트집을 잡지 않고 형식적으로 한 번 훑어보는 것으로 만족했다. 그리고 내게 대단한 호의와 친절을 보이면서 다시 고개를 깊숙이 숙여서 "사요나라(안녕히 가십시오)!"라고 인사했다.

6장

아름다운 정원의 도시, 요코하마

일본인은 원예에 관한한
진정한 명수

　　　　짐을 나르는 일꾼 두 명을 데리고 콜로니얼 호텔로 갔다. 호텔은 수많은 겹꽃 동백나무가 심어진 정원 한가운데에 있다. 일본이 원산지인 이 식물은 정원 어디에나 꽃을 피우고 있지만, 바깥 숲이나 실가에서는 열매에서 고급 머릿기름을 짜내는 홑꽃 동백나무나 야생 동백나무만 볼 수 있다. 겹꽃 동백나무는 높이가 3~7미터밖에 안 되고 3월과 4월에 꽃이 피는데 반해서 홑꽃 동백나무는 12월과 1월에 꽃이 피고 높이가 8~13미터에 이른다. 줄기 폭이 30센티미터나 되는 동백나무도 간혹

♠ 1865년 경의 요코하마 시가지 모습.

보았다.

　새 숙소인 콜로니얼 호텔에서 여장을 푼 다음, 요코하마 시를 구경했다. 요코하마는 1859년에만 해도 작은 어촌에 불과했지만 지금은 인구 1만 4천 명을 헤아리는 곳이다. 폭이 10~20미터에 이르는 거리들은 모두 포장이 되어 있고 길 양편으로는 지붕에 청기와가 얹어진 2층짜리 목조 가옥들이 늘어서 있었다.

아래층은 낮 동안에는 내내 길가로 열려 있고 밤에는 두꺼운 널빤지로 닫아놓았다. 화재에 더할 나위 없이 안전한 '다진 흙'으로 지어진 집들도 가끔 눈에 띄는데 이 집들은 다음과 같이 지어진다.

먼저 목조로 골격을 만들고 나서 진흙과 볏짚을 섞은 혼합물을 벽면과 지붕에 한 켜씩 쌓아 올린다. 첫 번째 켜가 마르면 두 번째와 세 번째, 네 번째와 다섯 번째 벽의 두께가 50~70센티미터가 될 때까지 한 켜씩 발라나간다. 지붕의 두께가 17센티미터가 되면 아주 견고하게 구운 기와를 얹고 풀 먹인 종이를 벽면에다 바르고 마지막으로 검정색의 천연수지 유성도료를 표면에 칠한다. 같은 방법으로 문과 창틀을 처리한다.

심지어 이웃집에 불이 나서 뜨거운 열기를 뿜어내는 와중에도 이렇게 지은 집에서는 아직까지 한 번도 화재가 발생하지 않았다.

지진이 일어나면 들보가 움직여서 늘어날 수 있도록 수평 들보와 버팀목 들보 사이에 일정한 폭의 이음새를 해놓는다.

일본에서 지진은 끔찍할 정도로 자주 발생한다. 한 달에 여섯 번 일어나는 경우도 있고, 심지어 하루에 두 번씩 발생하는 경우도 자주 있다고 한다.

이 지진 때문에 일본 어디에도 굴뚝을 찾아볼 수 없다. 밥이나 찻물을 끓이는 동안에 집 양편으로 온종일 열려 있는 문이나 미닫이 창문으로 연기가 빠져나가기 때문에 굴뚝이 굳이 필요하지도 않다.

　길거리를 지나가다 보면 집안일을 하느라 분주하게 움직이는 일본인의 모습을 어디에서나 지켜볼 수 있다. 또 늘 분재를 빠뜨리지 않고 심어놓은 뒤란의 작은 화원들은 절로 감탄을 자아내게 하는데, 일본인은 원예에 관해서라면 진정한 명수라고 할 수 있다.

간소하고 청결한 살림살이

　　　　모든 일본 주택들은 청결의 모범이다. 아래층 마룻바닥은 항상 지면보다 30센티미터 더 높직하게 나 있고, 그 위에는 길이 2미터, 폭 1미터의 아름다운 자리(疊, 다다미)가 깔려 있다. 다다미는 일본인은 사용하지 않을 뿐만 아니라 그 존재조차도 모르는 걸상, 긴 안락의자, 소파, 테이블, 나무침대, 매트리스를 대신한다. 한마디로 말하자면, 일본 집에는 가구라곤 하나도 없으며, 일종의 조리 도구인 길이 1미터, 폭과 높이 각각 60센티미터의 휴대할 수 있는 풍로조차도 뒷방에서 찾아보기가 거의 힘들 정도다. 식구들의 소박한 상을 차리는 데 이 풍로 하나면 충분하다. 그렇지만 내벽(內壁)에는 미닫이문이 있고, 그 뒤켠으로는 식기나 베개를 얹어놓을 수 있는 선반(棚, 다나)이 달려 있다.

일본에는 빵이란 게 전혀 알려져 있지 않은 대신 주식으로 언제나 밥이 나오는데, 캐롤라인 제도의 쌀보다 훨씬 질이 좋다. 밥이 다 지어지면 안주인은 옻칠을 한 목제 대접에 밥을 담아서 다다미 방 한가운데 놓는다. 거기다 약간 매운 듯한 양념을 한 생선구이를 넓적한 그릇에 담아서 내오고 일본인에게 인기 있는 요리인 익히지 않은 생선을 추가한다.

안주인은 수저와 나이프, 포크 대신에 길이 30센티미터의 옻칠을 한 나무젓가락과 접시 대신에 금색으로 신성한 화산인 후지산 또는 황새가 그려진 붉게 옻칠을 한 공기를 가져온다. 일본에서 황새는 복(福)과 장수(長壽)를 상징하고 성스럽게 여겨지기도 한다.

그런 다음 온 식구는 음식을 차려놓은 곳에 무릎을 꿇고 빙둘러앉아서 각자 식기 하나씩 들고 젓가락으로 밥과 생선을 담은 다음 젓가락을 한 손에 든 채, 우리가 은제 포크, 나이프, 수저로 식사를 하는 것보다 훨씬 더 빠르고 숙달되게 먹는다.

식사가 끝나면 주부는 식기와 젓가락을 치워서 씻은 다음 측벽(側壁)에 들인 미닫이문 뒤켠의 선반에 다시 얹어놓는다. 의자를 치울 필요도, 식탁보를 걷을 필요도 없으며, 식탁을 옮기거나 냅킨을 접을 필요도 없다. 또 유리잔, 나이프, 포크, 수저, 접시, 쟁반, 소스그릇, 커피잔 따위를 씻을 필요도 없기 때문에 얼마 지나지 않아서 식사를 한 흔적은 어디에도 남아 있지 않다. 일본에

는 이런 물건들이 존재하지 않기 때문이다

9시쯤이면 다들 잠자리에 든다. 가족들이 낮 동안에 지낸 다다미가 이제 잠자리가 된다. 잘 때는 옻칠을 한 나무토막으로 된 베개 – 요람같이 생긴 길이 30센티미터, 폭 18센티미터, 높이15센티미터의 목침 – 만 있으면 된다. 목침 윗부분은 2.5센티미터가량 파여 있고 파인 곳은 종이를 좀 채워넣어서 푹신하게 되어 있다. 남자들과 마찬가지로 여자들도 자려고 누울 때, 아름다운 머리 모양이 망가지지 않게 목덜미가 목침에 오도록 신경을 써야 하는데, 머리 손질하는 사람 – 손님이 많아서 제때에 맞춰서 나타나지 못할 때도 있는 – 이 올 때까지는 머리 모양을 그대로 유지해야 한다.

일본인은 조금도 피로한 기색 없이 하루 종일 무릎을 꿇고 앉아 있다. 종이나 서책을 올려놓을 수 있는 책상의 필요성도 느끼지 않고 읽고 쓰는 모든 일을 이런 자세로 처리한다. 세관 사무소에서 25~30명의 관리들이 방 한가운데에 길게 두 줄로 무릎을 꿇고 앉은 채 위에서 아래로, 오른쪽에서 왼쪽으로 책에다 붓글씨를 휘갈기는 모습은 그야말로 신기하기 짝이 없다.

유럽에서는 살강, 재봉대, 옷장, 침대, 테이블, 의자 따위를 구입하고 유지하는 데 해마다 막대한 비용이 들어갈 뿐만 아니라 넓은 공간과 많은 하인들을 필요로 하는 가구들 따위의 사치품을 사들이는 데 이웃과 경쟁을 한다. 유럽에서 결혼하기가 힘든 이유도 모두 가구 중독, 사치품에 대한 경쟁, 그로 인해 생기는 막대한 비용 때문이다. 유럽 사람들은 가족 구성원의 욕구를 충족시킬 만큼 돈이 충분히 있어야만 결혼할 수 있다고 믿는다.

하지만 여기 일본에 있으면 유럽에서 꼭 필요하다고 여기는 욕구들이 대개는 인위적으로 조장된 것이며, 또한 방을 가득 채우고 있는 많은 가구들이 사실은 전혀 필요하지 않은 것들임을 깨닫게 된다. 우리는 어릴 때부터 이런 물건에 익숙해져 있어서 필요하다고 느끼는 것일 뿐이며, 무릎을 꿇고 앉아서 아름다운 다다미를 의자와 테이블로, 안락의자와 침대로 사용하는 데 익숙해진다면 이런 물건들 없이도 불편함 없이 잘살 수 있을 것이다. 일본인의 이런 좋은 습관을 받아들여 부모들이 자식들에게 살림 장만해줘야 하는 중압감에서 벗어난다면 결혼하는데 대단히 고무적이지 않겠는가!

손으로 쉽게 들 수도 있고 3이치부(7.5프랑)만 주면 구입할 수 있는 작은 휴대용 풍로, 옻칠을 한 식기 몇 개, 찻주전자, 목침 두 개, 옷 몇 가지, 다다미 8장. 이것들이 일본의 신혼부부가 4제곱미터짜리 방이 두 개 딸린 새 집을 꾸미는 데 필요한 살림살이 전부다.

한 나라의 생계비가 많이 드는지 적게 드는지는 유통되고 있는 화폐 중 단위가 가장 낮은 주화의 구매력으로 판단한다고 한다. 이 말이 맞다면 일본에서 생활하는 게 아주 저렴하다고 하겠다. 여기에서는 1이치부에 16템보우, 1템보우에 엽전 100닢을 받으므로 엽전 640닢은 1프랑과 상응하게 되는데, 이 엽전은 형식적인 화폐가 아니라 실제 지불수단이다.

일본 여성의 미 가꾸기

　　　　　　일본 여성의 의복은 내가 이제껏 본 것 중에서 속치마에 버팀대를 사용하여 넓게 퍼지게 한 서양의 스커트와는 가장 닮지 않은 옷이다. 일본 여성은 면으로 된 셔츠 비슷한 속옷 위에 남자들 가운처럼 앞이 트이고 선명한 색상, 대개 담청색의 기다란 옷(長着, 나가기)을 입는다. 띠(帶, 오비)를 허리에 둘러 꽉 죄어 매기 때문에 걸음걸이와 걷는 속도에 지장을 받는다.

　두 겹의 천으로 된 아주 기다란 허리띠를 가방과 비슷한 모양의 큼직한 매듭이 등에 생기게 항상 묶는다. 여자들은 늘 양말을 신지 않은 채 발가락에 걸치는 굽이 11~13센티미터인 나막신(下駄, 게다)을 신는다. 여자아이들은 이마와 정수리 사이 머리카락을 8센티미터가량의 폭으로 밀어버리는데, 이마 위로 약 4센티미터에서 머리카락을 깎기 시작한다. 여성은 대개 결혼 적령기가 되면 머리를 기르지만, 결혼한 부녀자 중에도 상당수가 방금 언급한 머리 중심부를 삭발하는 경우가 있다.

기타가와 우타마로(喜多川歌磨, 에도시대의 화가로 주로 가부끼 배우나 유곽의 기녀들을 소재로 그림을 그렸다)가 그린 미인화.

　혼례식 때 일본 여인들은 눈썹을 몽땅 뽑아비린 다음에 천연 색소로 검게 눈썹을 그린다. 여성들은 1주일에 두 번씩 평생 동안 그렇게 하는데 과부가 되더라도 마찬가지다. 여성들은 홑꽃 동백나무 씨에서 추출한 머릿기름을 머리에 번질번질하게 바르며, 머리를 땋지 않고도 화려한 모양으로 만들 줄 안다. 가난한 아낙들

만 서로 같이 머리를 매만지고, 부유한 여인네들은 1템보우(16상
팀)를 주고 직업적으로 머리 손질하는 사람에게 매일같이 머리를
다듬게 한다.

여인네들이 머리에 꽂는 유일한 장신구는 끝에 산호 또는 가
득 찬 물위에 금박(金箔)이 떠 있는 공동(空洞)의 작은 옥구슬이
달린 비녀다.

남자들의 머리 모양에 대해서는 이미 앞에서 설명했다. 남자
들은 매일 머리 손질하는 사람에게 액상세제로 더러워진 모발을
씻어내게 한 다음 머리를 다듬게 한다. 여자들과 마찬가지로 남
자들도 셔츠와 비슷한 염색한 면 속옷 위에 가운같이 생긴 긴 옷
을 걸치고 좁은 가죽 띠를 맨다. 그들은 바지를 입지 않고 맨발로
발가락에 걸치는 신을 신는다. 비가 오는 날에는 게다를 신고, 날
이 맑을 때는 짚이나 대로 엮은 신발을 신는다. 바쿠후(幕府,
1192~1868년에 실질적으로 일본을 통치한 세습적 군사독재자인 쇼군의
정부-옮긴이)관리나 사무라이 계급에게만 바지(袴, 하카마)를 입는
것이 허용되고, 그들은 거기다 신발에 발가락을 낄 수 있게 장갑
처럼 만든 암청색 면으로 된 일종의 양말을 신는다.

목수건이나 손수건은 일본에 알려져 있지 않다. 여자들처럼
남자들 겉옷의 후리소데(밑이 넓은 소매-옮긴이)에는 코를 풀 수
있게 일종의 압지(壓紙)를 넣고 다니는 주머니가 달려 있다. 일본
인은 아주 점잖게 코를 풀며, 집에서는 코 푼 종이를 부엌 화로에

다 던져넣는다. 사람들이 모인 곳에서 코를 풀어야 할 때는 종이를 세심하게 접은 다음 그것을 버릴 시종을 찾아보고 아무도 없으면 가면서 버리려고 주머니에 다시 집어넣는다. 일본인은 우리가 똑같은 손수건을 며칠 동안 가지고 다니는 것에 대해서 역겹게 생각한다.

마구간 머슴과 마찬가지로 막일꾼이나 짐꾼이 옷이랍시고 걸치는 것은 좁은 띠나 혹은 등판에 붉은색 또는 흰색의 커다란 상형문자가 새겨진 암청색 상의뿐이다. 그들은 대개 온몸에 문신을 새겼다. 마차는 일본에 알려져 있지 않아서 무거운 짐을 나를 때 사용하는 손수레밖에 없다. 어디에서나 여섯 명의 일꾼이 숨을 헐떡거리면서 짐수레를 끌거나 미는 모습을 마주칠 수 있다. 그들은 턱까지 찬 숨을 고르고 일이 한결 수월해지도록 천천히 적당한 걸음으로 움직이면서 박자에 맞추어 소리를 내지른다.

남녀노소가
함께 목욕하는 나라

일본인은 단연코 세계에서 가장 청결한 민족이다. 일본인은 아무리 살림살이가 빈궁할지라도 적어도 하루에 한 번은 도시마다 있는 공중목욕탕(錢湯, 센토우)에 간다. 게다가 이곳 기후는 아주 좋은데, 영원히 봄만 계속될 것 같고 폭염

이나 강추위 때문에 불평할 일이 없다

그렇긴 하지만 이곳은 다른 어떤 곳보다도 피부병이 많다. 상황이 이러니 생채기가 나지 않은 시종을 구하는 게 여간 어려운 일이 아니다. 이 병의 원인이 무엇일까 하고 나름대로 고심을 해봤는데, 내가 보고 들은 것을 종합해서 내린 결론으로는 밥 다음으로 주로 먹는 날생선 때문인 듯하다.

공중목욕탕은 옷을 얹어놓을 수 있게 측벽에 벽감이 설치된 커다란 욕실로 되어 있다. 욕실 한켠에는 불 때는 곳과 연결된 관을 통해서 나오는 뜨거운 물이 담긴 큰 통이 놓여 있다. 욕실은 전면이 거리로 개방되어 있다. 남성, 여성, 중성을 구분하지 않는 일본어 문법의 특성이 이곳 일상생활에도 그대로 반영되지 않나 싶다. 동틀 때부터 밤이 찾아올 때까지 공중목욕탕에는 선악과를 따먹기 전의 우리 선조와 똑같은 몸차림으로 남녀노소가 뒤죽박죽으로 섞여 있다. 각자 물통에 뜨거운 물을 담아서 온몸을 세심하게 닦은 다음 다시 옷을 챙겨 입고 각자 제 갈 길을 간다.

난생처음으로 이런 공중목욕탕 앞을 지나가는데 내 시곗줄에 매달린 기이하게 생긴 붉은 산호를 가까이에서 보기 위해 호기심에 찬 3, 40명의 벌거벗은 남녀들이 목욕탕 앞으로 몰려들었다. 이 광경을 보고 나는 절로 "아이고, 이 가련한 중생들아!"라는 외침이 입에서 튀어나왔다. 세상의 질책을 두려워하지도 않고, 관습적인 윤리규범에 의해서 비난받거나 처벌받지도 않으며, 벗은 몸에 대해 아무런 수치심도 느끼지 못하는 "이 가련한 중생들이여!"

한 나라의 관습이 옳으냐 그르냐에 대해서 나는 앨콕 경(Sir Rutherford Alcock, 영국 외교관 – 옮긴이)과는 좀 다른 견해를 가지고 있다. 우리와는 예의범절의 개념이 다른 일본인이 유럽에서는 생각지도 못할 풍습을 가지는 것은 있을 수 있는 일이다. 부모형제 한 가족이 함께 혼욕하는 것에 대해 그들은 전혀 개의치 않으며, 아주 어릴 때부터 남녀 혼탕에 가는 것에 익숙해졌기 때문에 그들을 질책하거나 비난할 수 없다.

한 나라의 도덕관념을 다른 나라와 비교하는 것은 참으로 어려운 일이다. 중국 여성은 사람들에게 잘 보이려고 얼굴을 내보이고 지분(脂粉)을 다스리지만 턱까지 목을 가리고 작게 변조된 발을 아주 정성스럽게 싸서 감추고, 아랍 여성은 얼굴을 차도르로 가리면서도 가슴은 가리지 않은 채 맨발에 널찍하게 생긴 빨간 신발을 신고 다닌다. 그런가 하면 유럽 여성의 의상이나 남성들과 춤을 추는 관례를 품위 없는 일로 여기는 사람들도 분명히 있을 것이다.

이러한 여성의 관습은 국가를 보호하기 위한 수단이다. 여성들은 복수 따위를 할 수는 있겠지만, 아직까지 세계 역사를 들여다보면 여성들끼리 작당해서 또는 남성과 여성이 결속해서 폭력이나 정치적 모반을 꾀했던 사례는 찾아볼 수 없다. 이러한 점에서 오랜 경험과 인간의 특성에 대한 철저한 지식을 가진 의심 많은 일본 통치자들은 국가에 아무런 위협이 되지 않는 남녀 혼욕의 관습을 그냥 내버려두는 것이 오히려 현명하다고 판단했을지 모른다.

공창은
일본 주수입원의 하나

일본 정부는 공창(公娼)을 인정하고 장려함으로써 결혼생활을 보호한다. 일본 남성은 합법적인 부인을 한 명만 가질 수 있고, 그 사이에서 태어난 자식만이 유일한 상속자가 되지만 한 집에서 남성이 원하는 만큼 첩을 데리고 살 수 있다. 가난한 집안의 부모들은 정해진 기한이 지나면 다시 데려온다든지 아니면 몇 년 더 계약을 연장할 수 있다는 확약을 받고 어린 딸들을 유곽에 팔 수 있는 법적 권한이 있다.

일본인은 화류계에 몸담는 것을 수치스럽거나 불명예스럽게 생각하지 않으며 여느 직업과 마찬가지로 존중해줘야 한다고 여기기 때문에 매매계약이 별다른 우려 없이 맺어진다. 이는 마치 유럽의 가난한 부모들이 딸을 몇 년간 부유한 집에 하녀로 보내면서 별반 걱정하지 않는 것과 같다. 그래서 어린 소녀들이 혼인하기 위하여 유곽을 떠나거나, 아니면 첩이나 무희(舞姬)로 지내다

가 그만두고 다시 부모 집으로 돌아가서 나중에 혼인하는 경우가
다반사다.

유곽에 팔려간 소녀들은 결혼 적령기가 될 때까지, 즉 12세까
지 일본의 관습에 따라서 최선의 교육을 받는데, 한자와 일본 문
자를 읽고 쓰는 것을 배우고, 일본의 역사와 지리·수예·악기·
가무 수업을 받는다. 춤에 뛰어난 재능이 있으면 계약이 끝날 때
까지 무희로 지낼 수 있다.

유곽들은 항상 일정 구역 내에 있다. 에도에 얼마나 많은 공
창들이 모여들었는지 요시와라(吉原)라고 부르는 집창(集娼)지역
이 생겨날 지경이다. 이 구역은 담과 해자로 일반 지역과 구분이
되어 있고 밤낮으로 수많은 보초들이 지키고 있는 관문이 하나 있
을 뿐이다.

요시와라는 둘레가 족히 3킬로미터가 넘고 평행사변형으로
형성되었다. 서로 직각으로 교차되는 일곱 개의 거리에는 나무격
자로 아홉 개의 구역들로 나뉘어 있다. 이 구역들이 문을 닫느냐
마느냐는 순전히 당국의 소관이기 때문에 엄격하게 통제된다. 요
시와라에는 10만 명이 넘는 유녀(遊女)들이 있고, 상낭히 비싼 값
을 지불해야 하는 통행증 없이는 누구도 이 밖으로 빠져나갈 수
없다.

일본 막부정부는 각 구역마다 따로 구분해서, 값을 가장 많이
내는 업소에 일정 기간 동안 독점적으로 영업권을 준다. 내가 들

은 바에 의하면, 여기에서 벌어들이는 수입이 엄청나서 공창은
국가의 가장 큰 수입원 중 하나라고 한다.

쇼군의 행차

　　　　　6월 7일과 8일, 막부정부는 요코하마에
주재하고 있는 외국 공관과 언론, 거리 곳곳에 나붙은 방을 통해
서 이달 10일에 있을 미카도(御門, 이전의 일본 천황에 대한 칭호-
옮긴이)의 여동생과 혼인을 한 타이군(大君, 실질적 통치자이며, 세
이타이쇼군(征夷大將軍)의 줄인 말로 보통 쇼군(將軍)이라고 한다-옮긴
이)의 행차를 알렸다. 타이군이 천황을 알현하기 위하여 수많은
수행원을 데리고 에도를 떠나 도카이도(東海道, 에도에서 교토까지
해안선을 따라 난 가도-옮긴이)를 통해 오사카(1869년 도쿄로 황실
을 옮기기 전까지 교토에 천황의 거소가 있었으므로 저자가 착각하고
있는 듯하다-옮긴이)에 간다는 내용의 공고였다.

　봉변을 당하지 않으려면 그 시간에 타이군의 행렬에는 얼씬
거리지도 말라는 당부가 외국인에게 떨어졌다. 도카이도에 있는
점포들은 모두 문을 닫고 행차가 끝날 때까지 아무도 문 밖으로
나오지 말라는 엄명이 일본인에게 하달되었다.

　그런데 6월 9일 요코하마에 주재하는 영국 공사가 외국인들
이 행차를 지켜볼 수 있도록 관가로부터 허락을 받았다고 알려왔

으며, 그것도 요코하마 인근에서 6.5킬로미터 떨어진 도카이도에서 몇 발자국만 가면 되는 작은 숲에서 구경할 수 있다는 것이었다.

나는 오히려 경치나 구경하겠다는 마음에 그곳까지 걸어서 갔다. 길은 작은 논둑을 따라서 나 있었다. 어디에서나 땅은 기름진 검은 토양으로 이루어졌는데, 이는 아마도 화산 분출물과 달구어진 암석의 잔여물로 인한 것이고, 게다가 관개를 통해서 수백 년이 지나는 동안 땅이 비옥해진 까닭일 것이다. 일본에 알려지지 않은 빵 대용으로 주로 벼가 심어졌다. 먼저 볍씨를 질퍽한 묘판에 빽빽하게 뿌려서 잘 키운 다음 모를 논으로 옮겨 심는다.

농부의 일거리 중에서도 벼농사는 제일 손이 많이 가는 작업이다. 남녀 가릴 것 없이 모두 냄새나는 질퍽한 못자리에 거의 무릎까지 발을 담그고 허리를 굽힌 채 모를 뽑아낸 다음 다발로 묶어서 광주리에 담고, 그 다음에 조금 덜 질퍽한 논으로 모를 옮겨 심는다. 또한 유채와 밀도 많이 심었는데, 유럽과는 다르게 약 45센티미터의 고랑들로 서로 구분이 된 두둑에다가 씨를 뿌린다. 밀이 익기 바로 직전에, 일렬로 늘어선 밀 사이 고랑에다 콩을 심어놓아서 첫 수확을 거둬들일 때쯤이면 이미 두 번째 작물도 상당히 자라 있다.

이런 방식으로 1년에 네 번은 거뜬히 농작물을 거둬들일 수 있다. 종려나무, 사고야자나무, 대나무, 밤나무, 송백나무, 오렌

지나무, 사탕수수, 동백나무 등 20여 종의 수목들이 들어찬 화려한 수림과 들판이 교대로 나타났다. 잎에 포자낭을 품고 있는 작은 벌레같이 생긴 온갖 종류의 양치류(羊齒類)를 도처에서 볼 수 있다.

유럽에서 자작나무 가지를 오순절에 축원의 상징으로 사용하는 것처럼 일본에서도 설날에 한 해의 운수대통을 빈다는 뜻으로 양치류와 대나무 새순을 방, 대문 앞, 그리고 길거리를 따라서 놓아둔다.

나는 이 나라에서 길 양편으로 심어진 많은 꽃들을, 특히 가시가 없는 장미를 많이 보았지만 향기가 나는 꽃을 본 적이 없으며 조금이라도 향미가 있는 과실을 먹어본 적이 없다.

사람들의 발길이 닿기 수월한 곳에 위치한 숲에 가면 어김없이 아름다운 목각으로 장식한 목조사원 또는 작은 불당 두 채가 딸린 사원과 마주친다.

한 시간 반을 걸어서 외국인이 쇼군 행차를 구경할 수 있게 지정한 수목군이 있는 지점에 도착했다. 그곳에는 100명가량의 외국인과 질서유지를 위해 배치된 30명의 무사들이 나와 있었다. 한 시간 반이 더 지나서 드디어 행렬이 다가왔다.

선두에는 대나무 장대에 매달아 짐을 실어 나르는 한 무리의 짐꾼들이 앞장섰다. 한 대대가 그 뒤를 따르는데 그들은 흰색 또는 청색 상의, 검정색 또는 암청색 바지, 청색 양말, 짚신, 옻칠

쇼군 이에모치가 수도로 행차하는 모습을 구경하기 위해 호도가야의 집합소에 모인 외국인들. 모자에 깃털 장식을 단 남자가 망원경으로 관찰하고 있는 것도 재미있다(『비단화 막부 말 메이지의 역사』 중에서).

을 한 대로 엮은 삿갓을 착용했고 등에는 배낭 비슷한 것을 지고 있었으며 화살과 활 혹은 소총과 검으로 무장하고 있었다.

그들의 상관 무사들은 노란색의 섬세한 무명옷에다 귀족 가문을 상징하는 흰색의 작은 가문(家紋)을 그려넣은 무릎까지 오는 하늘색 또는 흰색 겉옷을 걸치고 있었다. 거기에다가 그들은 발목까지 닿는 청색 바지, 양말, 짚신, 검게 옻칠을 한 삿갓을 착용하고 있었다. 허리춤에는 두 자루의 검과 부채가 매달려 있었다. 그들이 탄 말의 굽에는 편자 대신에 짚신을 대었다.

이어서 다시 짐을 든 짐꾼이 따랐고, 그 뒤를 이어 상급 무사들이 등판에 적색으로 커다란 상형문자가 쓰인 기다란 흰 겉옷을 입고 말을 타고 있었다. 그들 뒤로 창을 든 두 대대가 걸어갔으며, 그 뒤로 두 대의 대포, 보병 2대대, 다시 옻칠을 한 견고한 상자를 들고 가는 짐꾼이 따랐다. 흰색, 청색 또는 적색 복장을 하고 창을 들고 걸어가는 무사들이 재차 지나갔고, 그 뒤를 흰색, 적색 상형문자가 새겨진 겉옷을 입은 고관들이 말을 타고 갔으며, 흰색 상의를 입은 한 대대와 검정색 의장용 지붕을 단 4필의 말을 끌고 가는 네 명의 마구간 머슴이 걸어갔다. 검게 옻칠을 한 호화로운 노리모노(乘物)(바퀴가 달리지 않은 마차 모양의 가마)가 네 대 따랐고, 그 뒤에는 백합 모양의 금속 군기(軍旗)가 꽂혀 있었다. 그리고 나서 드디어 여느 말들처럼 굽에 짚신을 한 혈통 좋은 갈색 말을 타고 있는 세속의 황제인 쇼군이 모습을 드러냈다.

그는 스무 살 정도로 보였고 위엄 있고 수려한 풍모에 얼굴색이 가무잡잡했다. 금실로 수놓은 흰색 관복을 걸치고 머리에는 옻칠을 한 금색의 관을 썼다. 허리에는 두 자루의 값비싼 검을 차고 있었다. 흰색 관복을 입은 20명가량의 고관들이 쇼군을 수행하면서 행렬의 마지막을 장식했다.

이튿날 도카이도에서 바람이나 쐴 요량으로 말을 타고 가는데, 전날 행차 구경을 했던 곳에서 그리 떨어지지 않은 거리 한복판에, 복장으로 봐서는 어느 신분에 속하는지 구분하지 못할 정도로 훼손된 사체 세구가 나뒹굴고 있는 것을 목격했다.

나중에 요코하마에 가서 알아보니 쇼군이 그곳을 지나간다는 사실을 전혀 모르는 듯한 농군이 선두 대대보다 단지 몇 발자국 앞서 길을 갔다고 한다. 책임자인 한 무사가 몹시 격노해서 방약무인한 죄값으로 그 농부를 베라고 부하에게 명령을 내렸는데 부하가 우물쭈물하자 화가 치민 무사는 칼로 부하의 두개골을 내리쳤으며 이어서 농부도 마저 죽였다고 한다. 마침 이때 그의 상관이 나타나서 사건의 경과를 보고하도록 했다. 상관은 그가 제정신이 아니라고 생각하고 부하 무사에게 대검으로 그를 찔러 죽이라는 명령을 내렸고 부하는 지체 없이 실행했다고 한다. 세 구의 시신은 대로에 그대로 방치되었고 약 1,700명으로 이루어진 행렬은 사체를 수습하기는커녕 안중에도 두지 않은 채 계속해서 길을 갔다.

7장

양잠의 도시, 하치오지

요코하마에 머무는 동안 유람을 많이 다녔는데 그 중에서 가장 흥미로웠던 곳은 영국인 여섯 명과 함께 다녀온 양잠지역에 있는 하치오지(八王子, 일본 도쿄 서부에 있는 도시. 에도시대에는 고슈가도에 중요한 역참과 시장거리로 번영을 누렸고 주변의 농촌이 양잠지대라 제사, 견직물업이 발달했다. 유럽의 양대 양잠국인 프랑스와 이탈리아의 잠사업이 궤멸 위기에 직면했기 때문에 일본의 누에알과 생사는 유럽에서 가장 기대하는 수입품이었다 – 옮긴이)라는 큰 수공업 도시다.

6월 18일 일요일 오후 3시 15분, 우리는 말을 타고 길을 떠났다. 내가 탔던 말은 하루에 6피아스타(36프랑)를 내고 말 대여소에서 빌린 것이다. 몸에 걸친 것이라고는 좁다란 띠밖에 없는 일곱 명의 마부들이 우리가 가는 곳마다 따라왔는데, 말하고 누가 더 빠른지 경쟁이라도 하는 듯했다.

마부들의 몸에는 현란한 색상으로 악귀와 여러 신들의 형상이 문신으로 새겨져 있었는데, 그 그림들 중에는 진짜 걸작도 있었다. 128킬로미터나 떨어졌는데도 지척에 놓여 있는 듯한 웅대한 후지산이 우리 앞에 계속 나타났다. 후지산은 만년설로 덮여 있다. 후지산은 해발 4,725미터로서, 화산의 분화구는 깊이 350미터, 길이 1,100미터, 폭 600미터에 이른다.

도시에서 5킬로미터가량 왔을 즈음 외국인들을 모조리 일소하라는 막부의 칙령이 한자로 새겨진 그 유명한 비석이 나왔다. 비석은 높이 2미터에 폭 84센티미터로 그 너머로 불상 하나가 우뚝 솟아 있었다. 이 비석은 대략 200년 전에, 정확히 말하면 기독교 추방과 대학살 때 세워진 듯하다.

소박하고 깨끗한
일본의 사찰

송백나무 · 동백나무 · 종려나무 등이 심어진 아름다운 공원에 자리잡은 명승 사찰 보켄시(豐顯寺) 근처에서 우리는 휴식을 취했다. 목조로 지어진 사찰은 짚으로 이은 폭 1미터의 지붕과 일본의 시골 농가들이 다 그렇듯이 단순한 모양의 백합꽃이 새겨진 용마루가 딸려 있다. 거대한 사찰 경내에 들어서자 너무나 깨끗하게 정돈된 모습에 놀랐다.

대리석과 화려한 장식으로 과도하게 꾸며진 청나라의 사원은 말로 표현할 수 없을 정도로 지저분하고 당장이라도 무너져 내릴 것 같아서 내게 혐오감과 두려움을 불러일으켰던 반면 일본의 사찰은 시골풍으로 소박하게 지어졌음에도 구석구석 손이 가지 않은 곳 없이 정돈이 잘되어 있어서 보고만 있어도 절로 기분이 좋아졌다.

삭발을 하고 맨발로 흰 승복을 걸친 스님 한 분이 주저하지 않고 사찰 건물의 문을 열어주었다. 마룻바닥은 번들번들 윤이 나고, 목각이 되어 있지만 아무런 그림도 그려 있지 않은 천장에는 지름이 2미터인 흰색과 적색 종이 제등이 다섯 개 걸려 있었다.옻칠을 한 커다란 목조 제단은 황금빛 연꽃으로 꾸며져 있었다. 이곳 불당 안에는 여러 금동 불상들과 성스러운 동물상들 그리고 황금색으로 문자가 새겨진 크고 작은 수많은 위패들이 놓여 있었다. 법당 안 왼쪽으로는 절에 돈을 시주한 고인의 이름들이 적힌 위패들을 모셔놓은 커다란 벽감이 있었고, 100개가 넘는 위패들 한가운데에 금동여래상 하나가 봉안되어 있었다. 벽감 앞에 놓인 작은 상 위에는 공물(供物)로서 일곱 가지 채소들, 밥, 그리고 떡이 담긴 칠기그릇과 사발이 놓여 있었다.

오른쪽 벽감에는 세 개의 불상이 벽에 모셔져 있었고 각각의

불상 앞에는 일곱 가지 채소들, 밥, 그리고 전과가 놓인 상이 두 개씩 차려져 있었다. 불당 안에는 한 점 티끌도 찾아볼 수 없었고, 창틀은 찢어진 데가 한 군데도 없이 깨끗한 창호지로 발라져 있었다. 노승과 동자승이 섞여 있는 이곳 승려들은 호의적이고 아주 정갈해서, 무례하고 불쾌하고 지저분한 청나라 중들과는 크게 비교가 되었다.

양잠 마을을 지나 하라마치다로

　　　우리는 서둘러서 다시 길을 떠났다. 나무

들이 1.5~2.5미터 이상으로 자라지 못하도록 가지를 친 뽕나무가 온 들판에 줄지어 심어져 있는-이탈리아에서처럼-양잠지역을 찾아갔다. 여기 사람들은 중국이나 인도에서 그렇듯이 나무가 어리면 어릴수록 뽕잎이 누에의 먹이로서 제격이라고 확신하고 있다. 뽕나무가 5, 6년생이 되면 뽑아내고 그 자리에 다시 묘목을 심는다.

우리가 지나온 마을들은 집집마다 누에를 쳤으며 어디에서나 전문적으로 밭을 갈았다. 강우량이 충분하고 개울이 많아서 농사짓는 데 한결 수월하다. 가축이 부족한 까닭에 요긴하게 쓸 수 있는 쇠똥과 말똥이 모자라서 풀을 뜯어서 잘게 한 다음 썩혀서 거름으로 주기도 하고, 도시에서는 알뜰하게 인분을 모아서 땅에다 뿌린다.

저녁 6시쯤 우리는 하라마치다(原町田)라는 큰 마을로 가서 하룻밤 머물 다원(茶園, 일본에서는 다실이라고 부른다)으로 향했다. 그곳에는 축사가 없었지만 임시변통으로 재빨리 대나무 장대를 세워서 깔개나 널로 그 위를 덮었고, 한 시간 안짝에 일곱 마리의 말들을 일본식으로, 더 정확히 말해서 유럽과는 완전히 반대 방향으로 임시 마구간에 넣어서 매어놓았다. 우리 식대로라면 말꼬리가 보여야 할 곳에 머리가 와 있다.

다원은 2층으로 지어진 집이며 정면의 길이는 16미터다. 짚으로 이은 지붕은 용마루 편에 아름다운 백합꽃으로 치장해놓았다.

아래층의 모든 외벽에는 미닫이문을 들였고 거리 쪽으로 난 문들
은 아침에는 떼어놓았다가 저녁에 다시 끼워놓는다. 집 앞에는
일종의 베란다 라고 할 수 있는 탁 트인 누마루가 접객 공간으로
써 지면에서 66센티미터 위로 높직하게 나 있으며, 그 마룻바닥
을 왁스로 닦은 다음 그 위에다 아름다운 다다미를 깔아놓았다.
그 위에 발을 디디기 전에 신발을 벗어 두어야한다.

이 공간에는 가구가 하나도 배치되어 있지 않지만 차를 끓일
때 사용하는 화로를 보관하기 위해 길이 1미터, 폭과 높이가 각각
66센티미터인 덮개가 없는 궤가 두 개 놓여 있다. 뒤쪽 왼편으로
는 붙박이 선반 위에 대로 엮은 깔개들이 몇 개 놓여 있어 누에고
치를 펼쳐놓았다. 애벌레를 죽이기 위하여 고치를 끓는 물에 집
어넣은 다음 생사(生絲)를 얻게 된다. 애벌레를 죽이지 않으면 견
사를 망가뜨리고 고치에서 나방으로 탈바꿈하게 된다.

널따란 이 접객 공간은 아래층에서 4분의 3을 차지하고, 나머
지 4분의 1은 땅 지면과 같은 높이에 있다. 이곳에 부엌있는데,
조리 도구와 쌀로 빚은 아주 강한 포도주의 일종인 사케(酒)가 6,
7개의 작은 통에 보관되어 있다. 누에고치가 널린 선반 뒤로 나
있는 개방된 작은 낭하를 따라가면 별채에 방 두 개가 나온다. 이
낭하에는 일종의 함지 또는 뚜껑 없는 궤짝 같은, 길이 2미터, 폭
56센티미터, 높이 13센티미터의 통이 약간 비스듬하게 놓여 있다.
이 통 안에는 깨끗한 물이 담겨 있다. 그리고 구리로 된 세면대가

있는데, 퍼 담은 물이 빠지도록 되어 있다. 통 위에는 이를 닦을 때 사용하도록 소금이 담긴 작은 바구니와 물기를 닦는 압지가 든 큰 봉지가 걸려 있다. 일본에는 수건이라는 게 없고 그 대신에 이 압지가 사용된다. 압지는 수피(樹皮)로 만들어지고 사용한 후 빨아도 될 정도로 아주 강하고 질기다. 세면대에서 두 발자국 떨어진 곳에 뜨거운 물과 차가운 물을 사용할 수 있는 작은 욕실이 있다.

어디를 둘러보아도 정리정돈이 잘되어 있으며, 어떤 면에서는 좀 과하다 싶을 정도로 청결한 느낌이 든다.

주인장은 2층에 있는 방 하나에 우리가 묵을 곳을 마련해주었다. 저녁식사가 끝나고 나서 방에다 커다란 모기장 두 개를 쳐준 덕분에 우리는 모기한테 물리지 않고 모기장 안에 깔아놓은 자리 위에서 목침을 베고 고단한 몸을 뻗을 수 있었다.

밤새도록 비가 내렸고 그 이튿날에도 폭우가 그칠 줄 모르고 쏟아졌다. 이런 와중에도 우리는 조반을 든 후 10시 30분쯤 하치오지를 향해서 길을 떠났다. 조금이라도 비에 젖지 않으려고 일본인이 우기에 농사일을 할 때 걸치는 볏짚으로 엮은 덧옷을 구입했다. 하지만 이 덧옷은 비를 피하는 데 조금도 도움이 되지 않았고 얼마 지나지 않아 온몸이 흠뻑 젖어버렸다. 이런 악천후에도 우리는 거의 내내 말을 세차게 몰았고 오후 1시께 하치오지에 도착했다.

가는 곳마다 주위 풍치가 정겹기 그지없었다. 특히 한 언덕

꼭대기에 올라섰을 때 시야에 훤하게 들어온, 16킬로미터가량 떨어진 지점에서 높은 산으로 둘러싸인 드넓은 골짜기의 전경은 장엄하기 짝이 없었다.

하치오지에서 우리는 하라마치다에 있는 것과 비슷한 다원에서 휴식을 취했다. 그러고 나서 인구 2만 명이 사는 도시를 둘러보았다. 가옥들은 2층으로 지어진 목조 건물이다. 환전상(료오가에야(兩替屋). 환전이나 화폐의 무게를 달아주기도 하고 막부나 번의 공금 출납이나 환전·대부·예금업무 등 금융기관의 역할도 했다 - 옮긴이)이나 관가가 들어선, 다진 흙으로 지은 건물들도 간혹 보였다. 거의 모든 집들이 양잠을 하거나 견직물 거래를 했다.

길이가 대략 1.6킬로미터이고 폭이 26미터인 대로에는 도르래가 달린 우물들이 일정한 간격으로 놓여 있었다. 도르래에 밧줄이 달려 있고 밧줄 양쪽 끝에는 물통이 고정되어 있다. 한쪽에서 밧줄을 밑으로 잡아당기면 그때마다 물통 하나에 물이 채워지고, 또 다른 물통은 물이 가득 담긴 채 위로 올라왔다.

폭우 때문에 내가 본래 계획했던 대로 도시를 둘러보지 못했다. 짜면 물이 줄줄 흐를 정도로 흠뻑 젖은 채, 우리는 저녁 5시경에 귀로에 올랐고 7시경에 하라마치다에 도착해서 하룻밤 묵고 이튿날 요코하마로 돌아갔다.

니카센도
이와시키도
다키노가와
소메이
아라카와
오슈가도
미카와시마
센주
야나카
요시와라
시타야
고이사카와
시노바즈 노이케
도야마
유시마
오쿠보
가쿠몬쇼
오메가도
유시마성당
에도성
에도바시
니혼바시
긴자
고슈가도
요쓰야
긴자
니시노마루
센다가야
아타고야마
교바시
레이간지마
아카사카
조렌조
하마자아교쇼
이시카와지마
쓰쿠다지마
오야마가도
아자부
하마고쇼
젠후쿠지
시부야
게이오의숙
사이카인지
시호켄
요새
도덴지
6
5
2
3
기타시나가와
포대
4
1

▲ 슐리만이 방문했을 무렵의 에도 거리 및 그 부근.

8장

에도, 그리고 두 얼굴의 일본인

에도(江戶, 1603년 도쿠가와 이에야스가 막부를 세움에 따라 정치
의 중심지가 되었으며 1868년 메이지유신 때 도쿄로 개칭되었다 - 옮긴
이)에 있는 명소들에 대한 찬사를 하도 많이 들어와서 에도에 가
보는 것이 나의 숙원이었다.

1858년에 체결된 일련의 수호통상조약에 따라 이미 1862년
부터 구미와의 통상을 위해 수도(엄밀하게는 조정이 있는 교토가 수
도였으나 당시 서구인들은 쇼군을 황제로, 수도를 에도로 칭했다 - 옮
긴이)의 문호를 개방해야만 했으나, 에도항의 개항을 무기한 연
기해달라는 쇼군의 간청에 대해서 유럽 정부들은 동의를 표명한
바 있다.

따라서 서구 열강의 외교대표부나 그들의 방문객들을 제외하고는 누구도 에도를 방문할 수 없다. 공사들과 그들 수행원들의 목숨을 노리는 암살 시도가 수없이 있었기 때문에 그들은 오래전에 에도에서 철수했다. 미국 전권공사인 프린 씨 말고는 에도에 체류하고 있는 외국인은 더 이상 없었으며, 그도 몇 달 전부터 부재 중이라 그동안에 포트먼 씨에게 공무 수행을 위임했다.

에도에 가려면 대리 공사의 초대장이 필요했으며, 그것 말고는 다른 방도가 없었다. 다른 곳도 그렇겠지만 일본에서 외국인이 열강의 대리공사로부터 초대장을 받는 것은 여간 힘든 일이 아니었고, 특히 그와 친분이 없다면 더더욱 그렇다. 다행히 요코하마에 체재하고 있는 내 지기들인 W. 그라우어르트 씨와 그의 동업자 주선으로 나의 에도 방문이 성사될 수 있었다.

6월 24일 요코하마에 주재하고 있는 미국 총영사인 피셔 씨가 동료인 뱅스 씨를 통해서 포트먼 씨의 초대장을 내게 전달했다. 나는 그 다음날인 6월 25일 일요일에 그곳에 갈 수 있게 해달라고 부탁을 했다. 그리고 나는 곧 요코하마의 중앙당국으로부터 여행 허가증과 함께 아침 8시에 야쿠닌(役人, 원래는 관리를 지칭하는 말인데, 저자는 기마 호위무사들을 지칭하는 용어로 쓰고 있다 - 옮긴이) 다섯 명이 나를 수행할 거라는 고지를 받았다.

미국 영사관의 도움으로 나는 그날 저녁에 검은 기름종이로 싼 내 짐을 에도로 보낼 수 있었다. 클라크 씨에게 여행하는 동안

내가 타고 다닐 말을 하루에 6피아스타를 주기로 하고 빌렸다. 클라크 씨는 자메이카 출신의 흑인으로 처음에는 목수 일을 하다가 선원이 되었고, 그 일도 그만둔 후 호텔 종업원도 돼보고 빵을 굽기도 했으나, 결국에는 말 아홉 필을 가지고 말 대여소 주인이 되었다. 지금 그가 짓고 있는 집이 완성되면 그는 다시 빵 굽는 일을 배우고 싶어한다.

호위무사들의 수행을 받으며
에도를 방문하다

내가 일본에 도착한 이후로 거의 내내 비가 내리긴 했어도, 6월 25일 일요일은 하늘의 수문(水門)이 모두 열린 듯 비가 억수같이 쏟아졌다. 나는 아침 8시 45분경에 길을 나섰다. 일본인이 수피를 가지고 가죽 못지않게 촘촘하게 짜서 방수가 되도록 만든 모자 달린 종이 비옷을 둘렀다. 다섯 명의 야쿠닌들은 폭우 속에서 나를 수행해야 하는 신세이지만 어떠한 사례도 받을 수 없도록 되어 있었다. 그들은 신고(辛苦)의 절반을 덜어주는 삶의 지혜와 금욕적인 태연함으로 자신들의 서글픈 운명에 순응하며 살아간다. 말안장은 나무로 만들어졌으며, 두께 15센티미터, 길이 36센티미터의 커다란 고리와 같은 등자 역시 나무로 된 신같이 생겼다.

↑ 외국인이 에도의 거리를 걸을 때의 경호 모습. (아사히신문사에서 간행된 「되살아나는 막부 말기」 중에서).

야쿠닌의 복장은 흰색 속옷, 노란색 또는 하늘색의 기다란 겉 옷, 허리띠로 매서 입는 아주 넓은 형태의 바지, 암청색 천으로 된 무릎까지 오는 긴 양말, 그리고 발가락에 걸치는 짚신으로 이 루어졌다. 그들은 옻칠을 한 큼지막하고 거의 평평하다고 할 수 있는 대로 만든 삿갓을 쓰고 있었으며, 삿갓은 턱밑에서 끈으로 묶게 되어 있었다. 지위가 좀더 높은 야쿠닌 둘은 방금 말한 복장 에다 등판과 소매에 가문(家紋)을 넣은 블라우스처럼 생긴 짧은 겉옷을 걸치고 있었다. 이 밖에 나머지 셋은 사벨(서양식 군도(軍 刀) – 옮긴이)과 단도만 차고 있는 반면에 그들은 두 자루의 검을

차고 있었다. 야쿠닌들은 다들 물이 스며들지 않는, 짚으로 엮은
덧옷을 두르고 있거나 내가 걸치고 있는 것과 같은 종이 비옷을
입고 있었다. 모두 허리춤에는 부채가 든 집을 차고 있었다.

몸에 문신을 많이 하는 나라

등자를 느슨하게 한 채 우리는 차례로 말
을 타고 달렸다. 상급 무사 둘은 나보다 앞서 달렸고, 나머지 셋
은 후위를 이루었다. 옷이라곤 전혀 걸치지 않았지만, 목에서 발
목까지 여러 신들·새·코끼리·용·경치 등을 현란한 색상으로
아주 정교하게 문신한 여섯 명의 마부가 도보로 우리와 동행했다.
그들은 말과 경쟁을 하듯 달렸다.

그들 가운데 한 명은 등판과 가슴에 성스러운 후지산이 폭발
하는 장면을 문신으로 새겨넣었다. 실제와 같이 완벽하게 묘사했
는데, 분화구에서 짙은 연기가 만년설 너머로 피어오르고, 웅대
한 원추형 산의 기슭에 있는 또 다른 분화구에서 거대한 용암이
흘러내리고, 평지에 있는 정원과 촌락들이 파묻혀 있는 모습이
보였다. 아이들을 데리고 또는 연로한 부모를 등에 업고 도망가
거나 아니면 뜨거운 열기에 휩싸여 질식할 것 같은 상태로 사투를
벌이는 주민들의 모습이 선명하게 새겨져 있었다.

15분이 지나서 우리는 요코하마에서 4킬로미터 떨어진, 도카

이도에 연한 가나가와(神奈川)라는 큰 지역에 당도했다. 이 넓은 간선도로는 나가사키(長崎)에서 도쿄와 하코다테(函館)까지 960 킬로미터가 넘는 구간에 걸쳐 뻗어 있다. 폭이 10~11미터에 이르는 이 가도는 정비가 잘되어 있으며 세계에서 가장 훌륭한 도로로 꼽힌다. 일본은 곳곳에 간선도로가 잘 정비되어 있다. 가나가와에서 에도까지 32킬로미터의 도카이도 구간은 거의 줄곧 해안과 가까이 쭉 뻗어 있다.

도로변에는 장난감·그림·신발·종이·우산— 우아함이나 내구성에서 유럽의 비단 우산을 능가하면서도 가격은 1이치부밖에 안 하는 — 을 파는 점포들이 거리 쪽으로 개방되어 있고, 이 밖에도 복숭아·자두·살구 등과 같은 과실들을 파는 곳이 있는데 채 익지 않은 상태로 판다.

일본인은 신맛이 나는 과실을 좋아하기 때문에 설익었을 때 과실을 딴다. 하지만 이미 앞에서 말한 것처럼 일본에서는 완숙한 과일이나 야채류마저도 무미(無味)하고 톡 쏘는 맛이 없다. 숲에서 딸기가 무성하게 자라는데도 아무도 따려 드는 사람이 없다. 그 이유는 이곳 딸기는 식용할 수 없기 때문이다.

이 밖에도 가도에는 상당수의 다원, 사원, 그리고 검문소가 있다. 도카이도는 장대에다 짐을 나르고 있는 짐꾼과 기이하게 생긴 짚신을 굽에다 하고서 짐을 실어 나르는 말들로 붐볐다. 야쿠닌들이 타고 있는 말들을 제외하고 일본 전역에서 굽에 편자를 댄 말을 본 적이 없으며, 야쿠닌들도 약 2년 전에야 비로소 이런 관례를 받아들였다.

우리는 이 방향 저 방향으로 행진하는 일단의 무사들과 마주쳤으며 그들은 화살과 활 또는 소총과 칼로 무장하고 있었다. 그들은 항상 허리띠에 차고 있는 가죽 칼집에 대검을 넣고 다녔다. 검게 옻칠을 한 '노리모노'라고 부르는 일종의 포장마차인 우아하게 생긴 가마를 자주 보았는데 이것은 가마꾼 넷이 들어야 한다. 이 밖에도 가마꾼 둘이서 메는 일명 '가고(駕籠)'라고 부르는 대나무로 만든 개방된 작은 가마도 눈에 많이 띄었다.

우리가 지나쳐온 검문소마다 6~8명의 하급 무사들이 무릎을 꿇고 앉아 있었으며, 그들은 나를 호위하는 야쿠닌들을 보면 바로 거리로 뛰쳐나와서 땅바닥에 꿇어 엎드림으로써 상관에 대한 예를 갖추었다. 우리는 두 군데의 다원에서 쉬어 갔다. 먼저 들어간 다원에서 우리는 작은 잔으로 열여섯 잔의 차를 마셨고 나는 그 값으로 1이치부(2.5프랑)를 지불했다.

일본에서는 녹차만 생산되는데 청나라와 마찬가지로 우유나 설탕도 넣지 않고 그냥 마신다. 일본에는 우유나 버터, 커피가 전혀 알려져 있지 않으며, 동물성 식품 섭취는 고기잡이로 얻은 포획물에 한정되어 있다.

점심식사도 하고 말에게 사료도 먹일 겸 해서 두 번째로 들른 다원에서 우리는 한 시간 조금 넘게 머물렀다. 앞에서 말했던 것처럼 일본인은 지구상의 다른 나라들과는 정반대 방향으로 말을 마구간에 가둬놓는다.

구유에 사료를 넣어 먹이는 대신에 지붕에 두 개의 밧줄로 매달린 들통에다 먹인다. 적당한 높이로 들통을 내려 사료를 짐승에게 대주었다가 다 먹었으면 다시 올려놓는다. 말을 이런 식으로 매어두면 밟히거나 아니면 심하게는 불구마저 될 염려 없이 말머리 쪽으로 다가갈 수 있기 때문에 아주 유용하고 머리를 잘 썼다는 생각이 든다. 자나 깨나 자기들끼리 서로 골탕을 먹이려고 기회만 노리는 일본의 병마들같이 거칠고 위험한 말들은 여태껏 본 적이 없다.

그래서 길을 가다가 짐을 실은 말과 마주치기라도 하면 멀리 피해서 가는 것이 상책이다. 그것들은 언제나 수말이고, 암말은 시골에서 농사일이나 사육용으로만 이용되고 있다. 일본에서는 이런 말들을 조랑말이라고 부르지만 이 말들은 유럽의 여느 승용마와 덩치가 같아서 사실 전혀 어울리지 않는 이름이다. 덧붙여서 말하자면 다른 나라와는 대조적으로 일본인은 오른쪽에서 말에 올라탄다.

종업원이 금색 문양이 있는 칠기그릇에 음식을 담아서 우리 앞에 내놓았다. 밥, 생선회와 익힌 생선, 그리고 사케로 상을 차렸고, 마지막으로 차가 나왔다. 그러고 나서 뭔가가 적힌 종이 한 장을 내 앞에 갖다놓았는데, 야쿠닌 하나가 다섯 손가락을 나에게 보이며 "이치부" 라고 말하는 것으로 보아서 계산서인 듯했다. 나는 5이치부(12.5프랑)를 지불해야 한다는 것을 금방 알아차리고는 셈을 치르고 다원에서 돈을 수령했다는 증명으로 다시 계산서를 돌려받았다.

우리는 정오쯤 에도항에 도착했다. 에도항은 해안에서 3.2킬로미터 떨어진 바다에 여섯 개의 견고한 포대(砲臺)들을 세워 안전조치를 해두고 있었다. 하지만 에도를 더 잘 방어해주는 건 이 요새들이라기보다는 항구의 낮은 수심이라 하겠는데, 썰물 때는 가장 작은 보트도 정박할 수 없기 때문이다.

집집마다
정원과 연못을 가꾸다

드디어 오후 1시쯤 우리는 도시 중심부에 들어섰다. 좀더 잘 둘러보기 위하여 말을 천천히 몰았다. 먼저 우리는 아래층이 거리 쪽으로 활짝 개방된 점포들이 늘어선 꽤 큰 규모의 상업지구와 상점가를 지났다. 집 안쪽으로 분새들이 있는 작은 화원이 들여다보였다. 분재는 정원의 중요한 조경을 이루는데, 가지와 뿌리를 수시로 쳐주어야 이렇게 난쟁이 같은 나무로 만들 수 있다.

일본 어느 곳을 가도 정원이 없는 집이 없고, 또한 정원마다

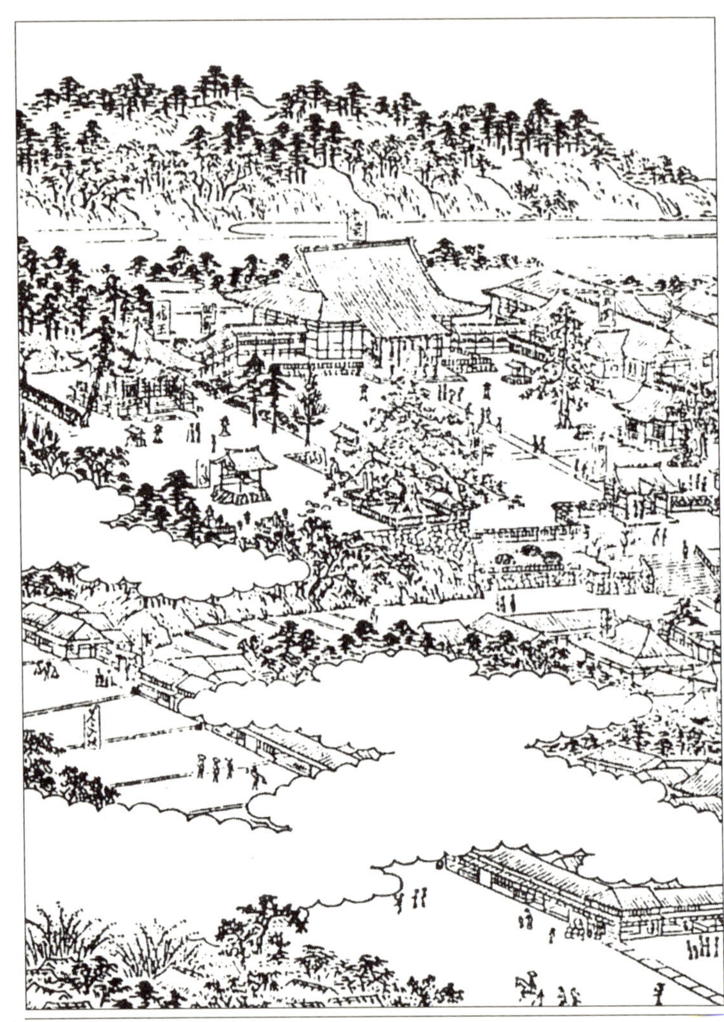

▲ 아자부 젠후쿠지(善福寺) ― 최초의 미국 공사관으로, 1863년 초대 공사 해리스 및 관원들이 살았던 곳이다 하지만 미토 지방의 무사들이 방화를 저질러 서원 등은 소실되었다. 현재 경내에는 은행나무가 우뚝 솟아 있고 그 밑에는 미일수호통상조약 100주년을 기념하여 세워진 '해리스 기념비'가 있다. 후쿠자와 유키치의 묘소이기도 하다.

작은 암석조각을 가장자리에 예술적으로 배치한, 금붕어들이 요리조리 노니는 수족관 혹은 작은 연못이 있었다.

에도의 주택들은 2층으로 지어진 목조 건물이고 일본 여느 지역과 마찬가지로 오랫동안 비에 젖어도 찢어지지 않는 얇지만 질긴 창호지를 바른 미닫이문이 달려 있다. 다진 흙으로 지은 집들도 간혹 눈에 띄었으며 짐작하건대 집 25채 중에 한 채는 다진 흙으로 지어진 것 같았다. 지진이 빈번하게 일어나는 일본에서는 돌로 집을 짓지 않는다. 파리의 대로처럼 에도의 모든 거리들은 포장이 되어 있다. 가장 좁은 거리조차도 폭이 7미터는 된다. 상점가에 있는 거리들은 폭이 최소한 14미터에 이르고, 쇼군의 성과 다이묘들의 저택들이 있는 구역의 거리들은 폭이 20~40미터에 달했다.

미국 대리공사
포트먼 씨와의 만남

오후 2시경에 우리는 미국 공사관에 도착했다. 그곳은 영원한 복을 의미하는 규모가 큰 젠후쿠지(善福寺) 경내에 있었다. 거대한 화강암 문을 통해서 들어가면 큰 돌로 포장된 넓은 안마당 한가운데를 지나서 대불전으로 이어진다. 불전 왼편으로 이 성전을 돌보고 있는 40명의 승려들이 기거하는 위풍

당당한 건물과 함께 작은 불당 한 채가 서 있다.

대불전 오른편에는 미국 대표부 건물이 있다. 이 건물은 처음에는 승려들의 숙소였다가 1860년부터 미국 외교대표부 관저로 사용되던 중 얼마 전에 큰 화재로 전소된 후에 일본 정부에 의해서 다시 건립되었는데 외교대표부가 다시 들어선 것이다. 3일 전부터 나는 이곳에서, 대리공사 포트먼 씨의 세심한 배려와 환대를 받으며 머물고 있다. 이 집은 1층 건물에 회랑으로 둘러싸여 있고, 모든 외벽과 내벽에는 창호지를 바른 미닫이문이 달려 있다.

포트먼 씨는 자신의 요새들을 보여준다면서 먼저 나를 불당 두 곳과 이 둘을 경계 지어주는 건물로 안내했다. 요새는 대나무 줄기로 만든 이중 방책과 수많은 초소들로 이루어졌는데, 낮에는 200명, 밤에는 약 300명의 야쿠닌들이 칼·활·소총·단도로 무장한 채 초소 경계를 서고 있다. 매일 저녁마다 그날 밤의 암호를 알려준다. 암호를 말하지 않고 이곳에 들어오려고 시도하는 자는 가차 없이 칼로 베일 것이다.

다시 폭우가 쏟아지기 시작했지만, 에도를 구경하고 싶은 마음이 너무 간절하다 보니 비 따위는 안중에도 없었다. 목욕으로 원기를 회복한 다음 다섯 명의 야쿠닌과 함께 말을 타고 다시 외출을 했다. 상급 무사 둘이 내 앞에서 선두로 가고 나머지 셋은 후위에서 나를 따랐다.

일본 땅 대부분을 소유한
다이묘의 권력

　　　　　우리는 다이묘들이 거주하는 수많은 구역들 가운데 몇 군데를 통과해서 갔는데, 그들의 저택들은 하나같이 길이와 폭이 각각 300~600미터에 달하는 규모의 거대한 정방형 대지 한가운데에 자리 잡고있었다. 영내는 다이묘들이 권솔들과 함께 기거하는 2층짜리 목조 가옥들로 이루어진 거대한 건물군으로 빙 둘러싸여 있다. 하지만 이 넓은 건물들도 영주들의 가신들을 모두 수용하기에는 충분하지 않아서 이 외에도 막사들이 영내 여기저기 흩어져 있다.

　다이묘는 1년에 6개월은 에도에 있는 그의 저택에서 살아야 하며, 그들이 자기 영지로 돌아갈 때는 처자를 볼모로 에도에 남겨두어야 한다(다이묘에 대한 통제책 중에서 가장 중심이 되고 구속력이 있었던 것으로, 산킨코오타이(參勤交代) 제도라고 한다 - 옮긴이). 그들은 대규모의 수행원을 대동하고 주기적으로 에도와 자신들의 영지를 번갈아 왕래한다. 수행하는 가신들의 규모는 그들이 소유한 영지의 크기에 비례한다. 부유한 다이묘들은 1만 5천 명의 무장한 부하들을 거느리고 온다.

　그들의 저택들 중에는 다진 흙으로 건축된 것도 있고 석회유를 바른 목재로 지어진 것도 있다. 어쨌든 다이묘의 저택들은 다소간의 차이는 있지만 모두 해자로 둘러싸여 있고, 이 밖에도 몇 몇 저택들은 높다란 담으로 에워싸여 있다. 에도에 한 채 또는 그 이상의 저택을 가지고 있는 다이묘들은 모두 400명이 넘으며, 이런 저택들이 도시의 3분의 1을 차지할 것으로 추산하고 있다.

에도에서 공표한 명부에 따르면 20명의 다이묘들이 생산하는 쌀의 연간 수확량은 26만 3,700고쿠(石, 용적 단위로 쌀 한 가마를 뜻한다 – 옮긴이)다. 1고쿠당 17프랑 30상팀이므로 환산하면456만 2,010프랑이 된다. 이 20명 가운데 쌀의 연간 수확량이 60만 고쿠, 다시 말해서 1,038만 프랑이 넘는 자는 모두 네 명이다.

간가(加賀) 번(藩, 에도시대에 다이묘가 다스렸던 영지 – 옮긴이)의 마에다 가가(前田加賀) 다이묘는 1년에 120만 2,700고쿠의 쌀을 수확하는데, 이는 2,080만 6,710프랑에 해당한다.

사츠마(薩摩) 번의 마츠다이라 사츠마(松平薩摩) 다이묘는 1년에 76만 800고쿠의 쌀을 수확하므로 1,316만 1,840프랑을 벌어들인다.

오와리(尾張) 번의 도쿠가와 오와리(德川尾張)는 연간 62만 9,500고쿠의 쌀을 수확하고, 이는 1,089만 350프랑에 해당하는 돈이다.

무쓰(陸奧)또는 센다이(仙台) 번의 마츠다이라 무쓰(松平陸奧) 또는 센다이 다이묘는 연간 쌀 수확이 62만 6천 고쿠이고, 환산하면 1,082만 9,800프랑이다.

쇼군은 직무를 수행함에 있어 오랜 관습과 법에 대한 일본인의 전통적인 경외심에 의해서 제한을 받기는 하지만, 이보다는 겉으로는 쇼군에 대한 충성을 맹세하면서도 실제로는 그의 반대자인 다이묘들 혹은 영주들에게 훨씬 더 좌우된다는 앨콕 경의 지적은 타당하다.

다이묘들은 일본의 땅을 대부분 소유하고 있고 자신의 영지 안에서는 절대적인 권력을 행사하며, 외형상 천황과 쇼군의 신하이자 이 나라 법의 지배를 받고 있는 자들이기는 하지만 좋은 기회가 오거나 관심과 열정이 생기면 언제든지 두 지배자의 권위에 도전하고 제재를 가하려고 할 것이다.

두 세습 통치자
쇼군과 미카도

에도에 거주하는 쇼군이 세속적인 세습 통치자인 반면에 미카도는 오사카(에도시대에는 교토에 천황의 거소가 있었고, 1869년에 도쿄로 천도한 후 에도성은 천황의 궁성이 되었으므로 저자가 착각하고 있는 듯하다 – 옮긴이)에 궁궐을 둔 신적 가문의 가장인 세습 통치자다. 이 두 세습 통치자들이 봉건적인 법에 따라서 이 나라를 다스리고 있다(12~19세기에는 귀족과 무사 가문들이 사실상 천황의 권력을 모두 장악했다 – 옮긴이).

일본 봉건사회는 기사계급이 존재하지 않으며, 베네치아의 귀족 과두체제와 비교할 수 있다. 영주는 모든 권리를 누리며, 노동자 계급에게는 아무것도 없다. 그런데도 일본에는 평화, 전반적인 만족, 풍족함, 그리고 높은 질서가 지배하고 있다. 일본은 지구상의 어떤 나라도 따라오지 못할 정도로 탁월하게 설계된 나라다.

우리는 먼저 아타고야마(愛宕山)에 도착해서 우리와 동행한 여섯 명의 마부들에게 말들을 건네주었다. 아타고야마는 아름다운 화강암 계단을 통해서 올라가는 높은 언덕이다. 언덕에는 근사한 다원들이 있다. 여기에서 내려다보는 에도의 전망이 좋기는 하지만 도시의 3분의 1도 채 조망할 수 없다. 그것은 에도가 사방으로 족히 19킬로미터는 넘게 뻗어 있기 때문이다.

성호와 높은 담으로 둘러싸인
쇼군의 성

여기에서 바라다보이는 전경에는 변화가 극히 많다. 나는 약간 높은 지대에 거대한 성호(城壕)와 담으로 둘러싸여 있는 쇼군의 거성(居城, 에도성)을 지척에서 알아볼 수 있었다. 길이 8킬로미터가 넘는 담으로 에워싸인 그의 성은 신성불가침한 곳으로 일반 백성은 근접할 수 없다. 1862년 쇼군이 외국 공사들에게 알현을 허용했을 때 그곳에 있었던 나의 초대자인 친절한 대리공사 포트먼 씨에게서 들은 이야기로는, 시설 내부와 혼마루(本丸, 본성의 중심 건물 – 옮긴이)에 도달하기 위해서는 우선 이중으로 깊이 파놓은 성호와 이중으로 높이 둘러싼 담을 통과해야만 한다.

단층으로 지어진 성은 간결하고 소박한 양식의 목조 건물이다. 문과 천장을 지탱하는 나무 기둥들은 아름다운 목각으로 장식 되어 있다. 하지만 유리창은 어느 곳에도 없으며 일본 어디에서나 그렇듯이 외벽과 내벽은 창호지를 바른 미닫이문으로 되어 있다. 방에는 가구라곤 없으며, 바닥은 비단으로 가장자리를 접어서 감친 아름다운 다다미가 깔려 있다. 이것은 일본 폐하의 안락의자이자 탁자이자 소파이자 침상으로 이용된다.

쇼군의 성 오른편으로 역시 높은 지대에 위치한 역대 쇼군들의 무덤과 묘석이 보였다. 묘지는 둘레 길이가 4킬로미터이고 거대한 수목들로 이루어졌으며 마찬가지로 깊이 파놓은 해자로 둘러싸여 있다. 하지만 그곳에서 내가 볼 수 있었던 것은, 묘지 시설 안에 세워진 38개의 절 하나에 부속된 환상적으로 만들어진 탑뿐이었다. 묘지를 방문하는 것은 성 내부에 들어가는 깃처럼 그렇게 까다롭지도 않은 듯한데 백방으로 노력을 해보았지만, 끝내 허가를 받아내지 못했다.

묘지 오른편에서 똑바로 내 시선이 닿는 곳에 끝없이 넓게 펼쳐진 다이묘들의 저택들, 더 정확하게 말하자면 부속 건물이 딸린 저택들이 눈에 들어왔다. 하지만 큰 규모임에도 저택들이 워낙 낮게 건축되어서 이 저택들을 둘러싼 부속 건물들과 분간하기가 여간 힘든 게 아니었다. 각 저택에 딸린 대지에는 정원과 송백류 및 여러 수종의 나무들이 심어진 공원이 있다.

몸을 오른쪽으로 더 돌리자, 방금 내가 지나쳐온 항구까지 뻗어 있는 큰 상점가가 시선에 들어왔다. 일반주택에 얹어진 청기와의 단조로움이 정원의 아름다운 새싹, 유럽의 종탑과 비슷한 목조 망루 및 언덕들 주위에 자리잡은 수많은 사원들로 사라졌다.

거기서 더 오른쪽으로 보면, 여섯 개의 포대와 수많은 정크선이 떠 있는 드넓은 항구가 바라다보인다. 일본 대형 기선 일곱 척이 항구에 닻을 내린 채 있었다. 일본 정부가 1,500만 프랑 넘게 주고 구입한 이 배들은 국가에 아무런 이득도 가져다주지 못하고 완전히 방치된 채 천천히 녹슬고 있는 것 같았다.

우리는 다시 아타고야마를 내려와서 말을 타고 쇼군의 거소를 멀찌감치 피해서 갔다.

다른 나라에서는 전혀 볼 수 없는 것이라서 한마디 덧붙이고자 한다. 일본 고양이는 꼬리 길이가 3센티미터도 채 되지 않고, 상페테르부르크, 콘스탄티노플, 카이로, 콜카타, 델리와 베이징의 개들은 광포한 기세로 늘 덤벼들려고 하는 데 반해서 일본 개들은 짖는 소리를 전혀 들을 수 없을 정도로 무기력하고 사람이 다가오는 것을 보고도 태연하게 길 한복판에 누워 있어서 사람이 알아서 개를 피해가야 한다.

생명의 위협을 느끼는
에도의 외국인들

　　　　　　저녁 7시경 우리는 다시 공사관으로 돌아왔다. 저녁식사를 마친 후에 포트먼 씨는 나를 데리고 밤 동안에 있을지도 모를 습격과 약탈에 대비해 우리를 보호해줄 요새시설을 다시 한 번 빙 둘러보았다. 초소마다 무장이 잘된 야쿠닌들이 지키고 있었고 빨강, 검정 글자가 들어간 수많은 종이 등이 불을 밝히고 있었다. 이런 등은 값도 얼마 나가지 않으면서 유럽 등보다 훨씬 더 질기다. 등이 더 이상 필요 없게 되면 그냥 접어두면 된다. 이날 밤의 암호는 "다레(누구냐)?"라고 물으면 "카제(風)!"라고 응답하는 것이었다.

　다른 나라 공사관도 한 번 찾아가볼까 해서, 6월 26일 이른 아침에 나는 전날처럼 호위무사들과 함께 길을 나섰다. 한 달 만에 처음으로 하늘이 갰고 얼내의 햇살이 환하게 비추었다.

　우리는 먼저 사이카이지(濟海寺) 승려들이 기거하는 건물을 사용하는 프랑스 공사관으로 갔다. 그곳에는 이중의 대나무 방책으로 둘러싸인 작은 안뜰이 있었고 공사관 사옥은 사찰 왼편 절벽 언저리에 있었다. 건물은 충분히 컸지만 프랑스 공사는 에도의 검객에 대한 두려움을 떨쳐버릴 수 없어서 여기에 머물지 않고 요코하마에 계속 거주하고 있는 까닭에 지금은 아무도 사는 이 없이 방치되어 있다.

1862년 사이카이지 경내에 있는 이 공사관 앞에서 미국 공사관의 통역관으로 근무했던 헨리 허이스켄 씨가 살해당했다.

여기서 우리는 시오기(長應寺)에 있는 네덜란드 공사관으로 갔다. 먼저 종려나무와 겹꽃 동백나무가 심어진 아름다운 정원을 가로질러 가면 정원 끝에서부터 높이 20미터의 화강암 계단이 본당으로 이어지고, 이 건물 뒤 언덕 기슭에 공사관 건물이 있다. 공사관을 보호하고 있는 것은 오로지 법당 쪽에 쳐진 이중 대나무 방책과 언덕 쪽에 박아놓은 방책 뿐이어서 누군가 침입한다면 공사관을 방어한다는 것이 거의 불가능하다. 그래서 네덜란드 대리공사는 현명하게 이곳을 떠나 에도에서 완전히 철수했다.

우리는 다시 말을 타고 도덴지(東禪寺) 경내에 있는 영국 공사관으로 갔다. 이 절은 옛날에 피비린내 나는 현장이었던 만큼 자세히 설명할 필요가 있다. 장중한 화강암 문을 통과하면 커다란 소나무가 심어진 넓은 사찰 경내가 나오는데 적어도 길이 500미터, 폭 660미터는 되어 보였다. 화강석이 깔린 널따란 길은 문에서 곧바로 2층 구조인 위엄 있는 전실(前室)을 지나면 도덴지의 대불전으로 이어진다. 그 왼편에 있는 1층 건물은 수많은 보우즈(坊主) - 일본 중을 지칭하는 - 들의 숙소로 사용된다. 오른편에는

⬆ 도덴지. 최초의 영국 공사관으로 앨콕 경 등이 주재했던 선원정(僊源亭). 대서원에 면해 있으며 연못과 아름답고 풍요로운 나무들에 둘러싸여 있다. 1861년과 1862년 두 번에 걸친 살상 사건으로 회랑 기둥에는 아직까지도 칼, 창, 총알 자국이 남아 있다.

역시 단층짜리 영국 공사관이 들어서 있으며 이곳에는 20~25개

의 방들과 여러 개의 회랑이 있다. 내벽뿐만 아니라 외벽에도 창

호지를 바른 미닫이문이 나 있다. 이곳 구조를 속속들이 알지 못한다면 밤중에 십중팔구는 길을 제대로 찾지 못한다.

1862년(실제로는 1861년에 일어난 사건이다 – 옮긴이) 7월 영국 전권대표인 앨콕 경에 대한 암살 시도가 있었을 때 10명이 사망하고 15명이 중상을 입었는데 앨콕 경이 목숨을 구한 것도 다 이런 구조 덕분이라고 할 수 있다. 당시 습격을 생생하게 알려주는 사람의 핏자국이 벽지 군데군데 남아 있다.

이 건물의 다른 편에는 거대한 수목들이 우거진 큰 공원이 들어서 있고, 공원과 공사관 건물 사이에는 좁은 나무다리 위로만 건널 수 있는 연못이 있다.

1863년(실제로는 1862년에 일어난 사건이다 – 옮긴이)에도 한밤중에 자객들이 이쪽 편의 암호를 대고 침입해서 영국인 하사관 두 명을 살해했고, 병력이 증강되자 영국 대리공사인 오버스트 오닐을 살해하려 했으나 목적을 이루지 못한 채 도주해버렸다. 연못 위에 있었던 다리는 현재 파괴되었고, 공사관 건물은 수많은 초소 및 이중 삼중의 대나무 방책으로 둘러싸여 있다.

그럼에도 영국인들은 언제 폭발할지 모를 활화산 같은 에도 땅에 머무는 것이 못내 불안해서 이미 오래전에 외교대표부를 요코하마로 옮겨가버렸다. 그래서 지금 에도의 공사관 건물에는 아무도 없고 그냥 방치된 채 있다. 법당 가까운 곳에 큰 범종이 하나 걸려 있다. 네 개의 튼튼한 사슬에 매달린 채 수평으로 움직이는 25센티미터 두께의 각재를 사용해서 종을 때린다. 추가 없고 해머로 때려서 울리는 작은 종을 빼고는 일본 전 지역에서 이런 방식으로 종을 울린다.

여기에서 나는 야쿠닌들과 함께 미국 공사관으로 다시 돌아갔으며 조반을 든 후 다른 야쿠닌 다섯을 데리고 그 이름난 사찰 아사쿠사 칸논지(淺草觀音寺)를 가보기 위하여 다시 길을 나섰다.

오오강(大川, 특히 스미다강(隅田川)의 하류를 일컫는다 —옮긴이)은 하구는 굉장히 넓지만 별로 중요하지는 않고, 에도 시를 두 구역으로 나누는데 하나는 혼조(本所), 또 하나는 에도라고 부른다. 에도는 다시 세 지역으로 세분한다. 마치(町, 시가지), 시로(城,, 쇼군의 성) 그리고 소토 시로(外城 성 주위의 지역)다. 아사쿠사 칸논 지는 마치의 거의 외곽에 있다. 우리는 아주 빠른 속도로 말을 몰아, 그만그만하게 생긴 단조로운 다이묘들의 거주지역을 가로질러, 역대 쇼군들이 묻힌 묘역을 꽤 떨어진 거리에서 휙 하니 지나갔고, 상점가를 지날 때는 마음껏 찬찬히 살펴보려고 말을 천천히 몰았다.

일본의 명품:
도자기, 검, 활과 화살

일본인은 고기를 먹지 않고, 우유와 버터

를 알지 못하며, 가구 없이 살기 때문에 어느 곳에서도 정육점, 낙농가, 버터가게, 또는 가구점을 찾아볼 수가 없었다. 이에 반해서 옻칠을 한 목제품들, 예를 들면 소반이나 거울처럼 윤이 나고 황금색 문양을 넣은 화병들을 파는 상점들이 많았다.

상점에서 나는 재료의 섬세함이나 문양의 아름다움에서 세브르산 제품과 쌍벽을 이룰 만한 도자기들을 보았다. 자기 잔들은 달걀 껍데기처럼 얇으면서도 잘 깨지지 않는 것이었다. 대로 촘촘하게 엮어 짰거나 또는 등나무로 세공을 해서 만든 잔들도 있는데 어찌나 섬세한지 자기인지 등나무 골로 만들었는지 현미경 없이는 구분하기가 어려울 정도였다.

일본 잔은 유럽인들이 사용하기에는 너무 작고 게다가 받침 접시나 손잡이가 없어서 우리는 이 도자기를 오로지 방을 꾸미는 장식용으로만 사용한다. 얼마 되지 않는 일본 가정용품의 목록을 보완해주는 환상적으로 빚은 도자기들도 있지만 우리에게는 마땅히 쓸 만한 데가 없다.

점포에 진열된 헤아릴 수 없이 많은 볼거리들을 좀더 자세히 구경하기 위해 말에서 내린 나는 한 마부에게 말을 넘겨주고 몇 미터를 걸어서 갔다. 청동기로 만든 공예품과 상감 세공을 한 값비싼 화병을 파는 가게들이 많았는데, 이 화병의 가치가 대충 어느 정도인지 짐작할 수 있게 말을 하자면, 최상품도 아닌 화병 하나에 4,300이치부(1만 750프랑)를 지불해야만 한다. 우아한 진주

목걸이와 상아로 만든 공예품 혹은 섬세하게 조각된 활과 검을 팔려고 내놓은 점포들도 여러 군데 지나쳤다.

일본 검은 전 동양에 명성이 나 있는데, 사람들은 한결같이 손가락만 한 철봉(鐵棒)도 단칼에 자를 수 있을 정도로 일본 검은 아주 단단하고 날카롭다고 말했다. 여기에서는 검 두 자루 – 큰 것과 작은 것 – 에 80이치부(200프랑)다.

나는 주인에게 내가 보는 앞에서 병기 대장장이가 칼날로 못을 두 동강이 나게 자를 수 있다면 칼 한 자루 값으로 100이치부를 내겠다는 제의를 했다. 하지만 그는 이 무기를 시험해보는 것을 거절했고 나는 그 칼을 사지 않았다. 한번 잘라보았으면 했던 그 못의 두께는 고작 0.4센티미터도 못 미치는데, 사람들이 칼의 성능을 너무 과장해서 말하지 않았나 싶다.

활과 화살은 일본에서 대단한 인기가 있다. 나는 상점에서 길이가 2~3미터나 되는 활을 보기도 했다. 화살이 가득 든 옻칠을 한 목제 전통(箭筒)을 포함한 활의 값은 58이치부(145프랑)다. 많은 점포에서는 진짜 걸작이라고 할 만한 목각들을 팔고 있다. 일본인은 특히 나무로 새의 형상을 만드는데 특출난 재능이 있지만 돌로 조각하는 데는 능숙하지 못해서, 연한 돌로 만든 작고 보잘것없는 조각품을 파는 점포만 어쩌다 가끔 마주칠 뿐이다.

비단제품 가게

대리석은 일본에 알려지지 않은 듯하다. 내게 강한 인상을 심어준 곳은 100명이 넘는 남녀 점원이 일하고 있는 일본 비단제품을 파는 상점들이다. 이곳들은 규모로 보나 물품 양으로 보나 파리에서 가장 유명한 백화점들과도 경쟁할 수 있을 것이다. 그렇지만 실내장식은 다른 나라들과는 조금 다르다.

상점들은 대개 길모퉁이에 위치하고 있고 일종의 베란다 또는 탁 트인 낭하로 둘러싸여 있다. 거리 쪽으로 난 아래층 벽면에는 창호지를 바른 격자 세공한 나무틀이나 미닫이문이 달려 있고, 일본의 여느 점포들처럼 아침에는 나무틀 또는 문짝을 떼내고 밤에는 다시 제자리에 두기 때문에 상점들은 낮 동안 내내 활짝 열려 있다.

마룻바닥은 지면에서 30센티미터 높이 떨어져 있고 그 위에는 비단으로 테를 두른 아름다운 다다미가 깔려 있다. 신발을 벗어놓고 다다미 위를 걷기 때문에 다다미는 1년 내내 아주 깨끗한 상태를 유지한다. 부츠나 구두는 여기에 알려지지 않았고, 다들 나막신이나 짚 또는 대로 엮은 신을 신고 다니며 다다미가 깔린 방바닥을 밟기 전에 먼저 신발을 벗는다.

상점 안에는 둘둘 말아놓은 비단 꾸러미가 10~20개가량 바닥에 놓여 있고, 각각의 비단 꾸러미 옆에는 점원 둘이 무릎을 꿇고 앉아 있다. 물건을 구입하기 전에 감을 찬찬히 살펴보려는 손님들도 역시 무릎을 꿇고 비단 꾸러미 옆에 앉아 있다. 손님이 다른 감들을 보기를 원하면 물건들을 장이나 서랍에서 내오는 게 아니라 물품이 든 종이 상자를 차곡차곡 쌓아서 잘 보관해둔 위층 창고에서 가져온다.

신 · 우비 · 종이 · 등(燈)을 팔려고 내놓은 수많은 점포들과, 공자 · 맹자의 가르침이 담긴 책과 유교 경전을 가난한 사람들도 사서 볼 수 있을 정도로 저렴하게 파는 책방을 몇 군데 지나왔다. 아주 낮은 비용으로 생산하고 있지만 품질 면에서는 최상품인 장난감들을 취급하는 가게들도 자주 눈에 띄었다. 파리나 뉘른베르크에서 만들어낸 것들이 한참 뒤질 정도로 아주 교묘하게 기계 장치를 단 장난감들도 꽤 있다. 아주 약한 바람에도 작동하게 만들어 계속 반복적으로 돌아가는 인조 새가 들어 있는 새장도 몇 푼만 주면 살 수 있다. 3수만 주면 태엽을 감는 거북이를 구할 수 있다. 일본인에게 잘 알려진 장난감은 100가지가 넘는 다양한 형태의 팽이인데 이 중에는 특별히 볼 만한 것들이 있다.

목판화나 회화가 걸려 있는 가게들을 둘러보는 것도 역시 즐거웠다. 일본인은 그림을 무척 좋아하는 듯했다. 하지만 예술적 재능을 돋보이게 하려다 보니 사람들의 일상적인 삶이 너무나 적나라하게 묘사된 것들도 종종 볼 수 있었다. 의복을 제대로 차려입지 않은 것에 대해서도 전혀 무례하게 생각하지 않는 이 민족의 습속과 관습 때문에 집에서나 거리에서나 알몸으로 또는 거의 알몸인

채로 나돌아다니는 모습이 흔한 것을 보면 이해가 가기도 한다. 이 민족의 풍습을 그림으로 표현할 때 눈에 익은 대로 묘사하는 것은 당연한 이치일 테고 그러다 보니 일본인은 유럽인들의 관념이나 사고로는 거의 이해할 수 없는 방식으로 그림을 그리는 것이다.

일본의 수도에서 외국인은 사람들의 이목을 끌게 마련이라서, 내가 거리를 지나갈 때면 행인들이 "토우진! 토우진(唐人, 이방인)!" 하고 외치는 소리가 들렸고, 이렇게 나를 향해 내지르는 소리는 사람들의 이목을 더욱 집중시켰다. 이런 일들은 특히 요코하마에 있을 때와 비슷하게 어쩌다가 공중목욕탕 앞을 지나칠 때

마다 되풀이되었다.

우리는 또 니혼바시(日本橋, 일본 다리)라고 부르는 그 유명한 다리를 건넜는데, 이 나라의 모든 거리는 이 다리를 기준으로 측정된다. 마침내 우리는 아사쿠사 칸논지의 거다란 열주 정문에 당도했다. 여기서부터 내부 절 입구까지 길게 뻗은 아름다운 가로수가 이어진다.

가로수 양편으로 수많은 상점들이 나란히 늘어서서 거대한 가두시장을 형성하고 있다. 그곳에서는 주로 어린이 장난감, 신

들을 그린 그림, 여성 장신구, 특히 색이 들어간 액체 위에 금박
이 떠 있는 공동의 옥구슬이 끝에 달려 있는 금비녀를 구할 수 있
다. 길은 아낙네와 아이들, 빈둥거리는 사람들, 손님과 장사꾼들
로 바글거렸다.

　우리는 사찰 옆에 있는 묘지에 당도한 뒤 말들을 마부들에게
건네주었다. 사찰로 올라가는 길에 오로지 칸논(觀音, 관세음보살
의 준말 - 옮긴이)에게만 봉사하는 성스러운 두 필의 백마를 가둬
놓은 축사를 보았다. 승려들의 말에 따르면 관음보살은 밤마다
이 백마들을 타고 엄청난 거리를 횡단한다고 한다. 이 백마들도
역시 일본에서 늘 하는 방식대로 가둬놓았다. 마구간에는 한자가
적힌 수많은 봉헌된 편액들이 걸려 있다. 그 축사 옆으로 옻칠을
한 커다란 목마가 있는 또 다른 축사가 놓여 있다. 이 두 축사 앞
에서 한 사내가 살아 있는 두 필의 백마뿐만 아니라 목마에게도
제물로 바칠 삶은 콩을 신자들에게 팔고 있었다.

　사찰 건물에는 수많은 새끼들을 품은 한 쌍의 황새가 깃들여
사는 큰 둥지가 있는데, 이 건물의 볼거리라고도 할 수 있다.

명승 사찰에서 본
귀족의 애첩 초상화에 놀라다

　　　　　　　내 동행인인 다섯 명의 야쿠닌과 함께 불

당 안으로 들어갔고 세세한 것까지 모두 보느라고 그곳에서 한 시간 이상 머물렀다. 남녀노소 가릴 것 없이 100명이 넘는 한 무리의 사람들이 "토우신! 토우진!"을 외치면서 계속 내 주위로 몰려들었다. 내 수행원들은 사람들이 내게 접근하지 못하게 막고, 사람들에게 대단한 호기심을 발동시킨 내 시곗줄에 달린 산호를 낚아채지 못하게 하느라 무진 애를 먹었다.

사원의 규모는 대단했다. 대불전 한가운데에 있는 일종의 단

상 또는 받침대라고 할 수 있는 슈미단(須彌壇) 위에 검게 옻칠을
한 커다란 목조 제단이 있고 그 위에는 집 모양의 금색 천개(天蓋)
가 올려져 있었다. 천개 양편에는 높이 66센티미터의 금불상이
봉안되어 있었고, 전면에는 크기 1미터의 금동 연꽃이 놓여 있었
다. 커다란 천개 오른쪽과 왼쪽으로 20개가량의 금동 여신상들이
모셔진 두 개의 작은 제단이 있었다.

자색의 긴 승복을 걸친 스님 한 분이 제단 앞에서 예불을 올
리고 있었다. 그는 향을 피우고 해머로 종을 때리고 손가락들이
서로 닿지 않은 채 손바닥을 나란히 위로 하고 소리 내어 경을 외
고 있었고, 또 다른 20명의 보우즈들은 산스크리트어로 염불을
읊고 있었다. 커다란 중앙 제단 주위의 오른편과 왼편에는 수많
은 금동 불상들로 꾸며놓은 작은 제단이 있었다. 이 두 제단 주위
에는 불상들 말고도 우아하고 아리따운 에도 태생의 오이랑(花魁,
에도시대 요시롸라 유곽의 유녀 – 옮긴이)들의 초상화가 상당수 놓여
있었다. 초상화는 비단이나 종이에 그려졌으며 모두 액자에 끼워
져 있었다.

일본에서 가장 크고 이름난 명승 사찰에 이런 초상화가 있다
는 사실만큼 일본 민족의 습속이 어떤지를 상상하게 해주는 건 없
을 것이다.

유럽에서는 정부에 대해서 받아들이면서도 못마땅하게 여길
뿐만 아니라 이런 생업에 종사하는 것에 대해서는 수치스럽고 파

렴치하게 여기고 있는데, 일본인은 유녀로 살아가는 것을 명예롭
게 생각하며 게다가 그들을 신처럼 숭배한다는 사실이 지금까지
도 당최 납득할 수가 없다. 신격화한 창녀들의 초상화 앞에서 아
연실색하여 한참을 멍하니 서 있었을 정도로 나로서는 이해하기
힘든 몰상식으로 여겨졌다.

이해할 수 없는
성속의 어우러짐

불당 한가운데 개방된 천개 아래에 목조
여래상이 모셔져 있고 그 앞에는 격자로 두른 시주함이 놓여 있다.
신자마다 몇 개의 엽전을 시주함 안에 넣고 손으로 여래상의 얼굴
을 몇 번이고 쓰다듬은 다음 그 손으로 자신의 얼굴을 만진다.

사람들이 하도 문질러서 여래상의 얼굴 상당 부분이 이미 닳
아 있었다. 세 개의 제단 앞에는 엇비슷하게 생겼지만 훨씬 큰 시
주함이 놓여 있고 신자들은 불공을 드리기 전에 약간의 돈을 그
안에다 집어넣는다. 벽뿐만 아니라 천장을 시탱하는 커다란 기둥
도 불상과 불화(佛畵)로 덮여 있다. 사람의 손이 닿는 곳은 어디
에나 공양물이 매달려 있었고, 반면에 너무 높은 곳에는 자신의
소원을 적은 종이에 물기를 묻힌 다음 둘둘 말아서 작은 공 모양
이 되면 풍구를 사용하여 위쪽으로 옮겨놓는다. 이렇게 만 종이

들은 불화에 오랫동안 들러붙어 있으며, 또한 유녀들의 초상화에
도 이런 종이들이 많이 부착되어 있는데, 이런 모습이 내게는 그
들을 신격화하는 증거로밖에 여겨지지 않았다.

법당 천장에는 엄청나게 큰 종이 제등이 20개 매달려 있고,
개중에는 길이 7미터, 폭 3.3미터에 이르는 것도 있다. 내가 지금
까지 보고 느낀 바로는 이 민족의 삶에는 불교가 그다지 깊이 파
고들지 않았으며 일본 사회의 상류층은 다소간의 차이는 있지만
회의적이라는 것이다. 그들의 종교적인 관습과 사원들은 해괴할
정도로 낯선 방식으로 일반 민중들의 유희와 혼합되어 있다.

아사쿠사 칸논지의 드넓은 경내에는 런던 베이커 거리의 마
담 투소에 있는 것들과 비슷한 여러 종류의 형상들이 전시되어 있
고, 다원, 가두시장, 그리고 활 쏘는 연습을 할 수 있는 10개의
사대(射臺)가 있었다. 이 밖에도 이곳에서는 연극 공연이나 곡예
사의 팽이 연기가 펼쳐지기도 한다.

내 생각으로 이와 같은 성속(聖俗)의 혼합은 종교에 대한 진
지한 확신과는 합치될 수 없다고 본다.

바넘 씨도 놀랄 팽이 곡예

나는 놀이판이 벌어지는 곳마다 죄다 쫓
아다니며 구경했는데, 특히 팽이로 하는 곡예는 탄성이 절로 나

게 했다. 곡예사는 공중으로 팽이들을 높게 던져서 담뱃대의 뾰
족한 끝으로 잡은 다음 마치 사람이라도 되는 것처럼 팽이들에게
말을 하면서 어느 방향으로 돌아야 할지 명령을 내렸다. 곡예사
는 한 팽이에게 칼끝에서 돌다가 다시 칼날 위에서 이리저리 돌
것을 명령했으며, 또 다른 팽이에게는 20도 각도로 지탱하고 있
는 밧줄에 오르락내리락하게 했다. 그는 세 번째 팽이를 공중으
로 던져서 한 손가락으로 잡은 다음 팽이에게 그의 한 팔을 따라
서 가다가 등을 넘어서 다른 한 팔로 다시 돌아올 것을 명령했는
데 팽이들은 마치 살아 있는 생명처럼 그의 명령에 따랐다.

팽이 안에다가 어떤 기계 장치도 감추어놓지 않았다는 것을
나는 맹세코 말할 수 있다. 곡예사의 재능과 솜씨의 진가는 단연
두 손가락의 가벼운 자극만으로도 팽이를 10분간 돌도록 하는 데
있었다.

이 글을 그 유명한 미국인 바넘 씨가 언젠가 읽게 된다면, 난쟁
이들과 귀머거리에다 절름발이인 늙은 흑인 여자-그의 주장에 따
르면 위대한 워싱턴의 보모였다는-를 데리고 하는 곡예 따위는 집
어치우고 하루라도 속히 일본으로 건너와서 유럽과 미국에서 함께
공연할 팽이 곡예사를 한 명 고용할 것을 권한다. 팽이 곡예는 전
문명 세계에서 격찬을 받을 만한 경이로운 솜씨이고 이 공연을 통
해 매년 엄청난 돈을 벌어 들일 수 있을 것이다. 일본인은 이민을
떠나는 것이 엄하게 금지되어 있지만, 바넘 씨라면 가능할 것이다.

대극장

다섯 명의 야쿠닌들이 무슨 수를 써서라도 못 가게 말리는 것을 뿌리치고 나는 기어이 다이시바이야(大芝居室)라고 부르는 대극장에 다녀왔다. 극장은 6천 명에서 8천 명의 관객을 수용할 수 있는 웅대한 2층짜리 목조 건물이었다. 일본 극장은 청나라 극장과는 아주 상이했다. 질이 떨어지기는 해도 유럽처럼 23미터 폭의 무대, 막, 세트, 그리고 무대장치를 갖추고 있었다. 아름다운 그림 대신에 막 가운데에 1.5미터 높이로 한 자가 새겨져 있었으며, 막 가장자리도 작은 상형문자와 꽃 문양이 번갈아 그려져 있었다. 극장 어디에도 의자나 탁자 따위가 구비되어 있지 않았고 아래층과 2, 3층은 관객들이 웅크리고 앉을 수 있는 길이 2미터, 폭 2미터의 대로 짠 자리가 깔려 있었다.

먼저 극적인 작품이 공연되고 이어서 풍자적인 세태극이 공연되었는데 배우들의 연기는 감탄을 자아낼 정도로 훌륭해서 일본어를 모르고서도 극의 흐름을 이해할 수 있었다. 일본도 청나라와 마찬가지로 무대 감독이나 프롬프터가 없다. 배우들이 이 둘을 필요로 하지 않기 때문이다.

막이 오르자, 일꾼 셋이 길 한가운데에 쭈그리고 앉아서 주사위 게임을 하는 모습이 보였다. 마침 무사 하나가 지나갔는데, 공공연한 길거리에서 노름하는 것은 엄격하게 금지되어 있기 때문에 그는 일꾼들을 체포했다. 그런데 이 노름꾼 셋이 온갖 감언이

설로 무사를 꼬드겨서 결국 그도 이 노름판에 끼도록 만들었다. 처음에는 그에게 운이 따라줘서 돈을 딸 수 있었다. 이에 고무된 무사는 더 많은 돈을 걸고 도박을 하기 시작했고 결국에는 따기는 커녕 수중에 있던 돈을 전부 잃고 말았다. 그는 어떻게 해서든지 잃은 돈을 되찾고 싶은 마음에 부채, 겉옷, 모자, 바지, 신발, 심지어 속옷까지 걸더니 마지막엔 칼마저 도박에 걸었다. 운수 사납게도 그는 가진 것을 몽땅 잃었고 완전히 벌거숭이꼴로 거리에 앉아 있는 딱한 처지가 되었다. 일꾼들 셋은 그의 옷가지를 서로 나누어 가지고는 어디론가 사라졌다.

이때 그의 주군이 나타났다. 그는 자기 부하가 알몸으로 쭈그리고 앉아 있는 꼬락서니를 보고는 기겁해서 그 자리에 멈춰 섰다. 그러자 부하는 영주 앞에 넙죽 엎드린 채 계속 고개를 조아리면서 노상강도들에게 강탈을 당했다고 고했다. 그는 무릎을 꿇은 채 칼을 잃어버린 것에 대해 한 번만 자비를 베풀어달라고 간청했다. 일본의 법은 매우 엄격해서 무사가 칼을 잃어버린다는 것은 그 자리에서 당장 죽어 마땅할 치욕과 같다. 하지만 그가 어찌나 눈물을 줄줄 흘리면서 용서를 비는지 영주는 측은한 마음이 들어서 그에게 한 번 관용을 베풀기로 했다.

그때 마침 무사의 옛날 연인이었던 젊은 여인이 지나갔다. 무사는 그 연인을 버렸는데 이전에 그녀한테 준 장신구마저 죄다 빼앗아서 새 애첩에게 주었다. 젊은 여인은 영주에게 그의 악행을

낱낱이 하소연했고, 그가 강도를 당해 가진 것을 몽땅 털렸다는
건 모두 무사가 꾸며낸 거짓말이며 도박으로 잃었을 따름이라고
고해바쳤다. 영주는 격노해서 무사에게 당장 할복하지 않으면 치
욕스러운 교수형에 처하겠다고 으박질렀다. 배신을 당한 여인은
영주의 말이 떨어지자 속히 칼 하나를 대령했다. 무사는 순순히
받아들이면서 명예롭게 죽을 수 있도록 자비를 베풀어준 영주에
게 감사를 드렸다. 그러고 나서 그는 짧게 기도를 하고 두 손으로
칼을 들어서 할복을 했다. 그리고 피바다가 된 바닥에 쓰러졌는
데, 아주 실감이 나는 장면이었다. 죽어가면서 그는 옛 연인에게
용서를 구했고 외마디 신음을 하더니 숨이 끊겼다. 그러고는 막
이 내렸다.

남녀가 함께
외설극을 즐기는 일본인

　　　　　　　　관객들은 그의 자살을 현실로 받아들인
나머지 눈에서 눈물을 쏟아냈다. 그러면서 무사에게 무대로 나오
라며 미친 듯이 소리를 질러댔는데, 이윽고 그가 말짱한 모습으
로 막 앞에 나타나자 그를 환호로 맞았다. 배우가 피를 숨길 만한
허리띠조차 차고 있지 않았는데 그 피바다가 도대체 어떻게 생겨
난 것인지 도통 알 수 없었다.

이어서 풍자적이면서 상당히 외설적인 속된 극들이 몇 편 공연되었다. 그런데 그때마다 막이 너무 천천히 내려가는 것 같았고 혹시 일본 관객들이 음란한 장면 때문에 모욕감이나 느끼지 않을까 싶을 정도였다.

극장은 마지막 자리까지 꽉 찼고, 남자 관객들만큼이나 여자 관객들도 많았는데 다들 너무나 즐거워했다.

남녀가 공중목욕탕을 함께 이용하는 데 그치는 게 아니라 모든 연령층을 막론하고 여인네들이 도색적인 장면을 보면서 저렇게 즐거워하는 민족의 삶에서 어떻게 그런 청결함과 성스러운 감정이 생겨날 수 있는지 정말이지 이해할 수가 없었다.

우리는 저녁 6시경에 극장에서 나왔고 포트먼 씨가 7시에 나와 함께 저녁식사를 하려고 기다리고 있었기 때문에 말을 타고 질주했다. 선두가 끊임없이 "하이! 하이! 아보나이(조심! 위험하오)!"를 외치면서 거리를 가로막고 있는 군중들을 몰아냈다. 그러다 보니 7시 30분이 되어서야 간신히 젠후쿠지 경내에 있는 공사관에 도착했다. 이날 밤에는 "다레(누구)?"라고 물으면 크다는 의미의 타이와 바람을 뜻하는 푼을 합한 "타이푼(颱風, 태풍)"이라고 대답해야 했다.

여기 에도에 있으니 마치 감옥에라도 갇힌 사람처럼 느껴진다. 무장한 수백 명의 무사들이 사찰 경내와 공사관 건물 주변을 지키고 있는데도 내가 욕실에 가든 마구간에 가든 어차피 안마당에 누군가 경계를 서고 있는데도 몇 명의 야쿠닌들이 나를 따라온다. 나를 보호한다는 명목이지만 신경에 거슬릴 정도로 과도한 배려에서 나온 이런 조치에 저항을 해보지만 아무런 소용이 없고, 도대체 이렇게까지 보호를 하는 본래의 이유가 무엇인지 골똘히 생각해보지만 헛수고일 뿐이다. 나는 이 무사들이 개인적인 득을 바라고 이렇게 번거롭고 지루한 방식으로 나를 감시하는 것은 결코 아님을 누구보다 잘 알고 있다. 그들에게 사례로 돈을 주는 것은 가장 큰 모욕으로서, 그들은 차라리 할복을 택할 정도다. 하기야 잠깐 이곳에 머무르는 나로서는 그들의 지나친 보호가 벌써 짐이 된다고 한다면, 나보다 훨씬 더 감시를 받으며 선두에 호위 무사 둘, 후위에 셋을 두지 않고는 거리에 나설 수 없는 귀하신 몸인 대리공사 포트먼 씨는 얼마나 동정을 받아야 하겠는가.

단고자카의 언덕에서
에도를 감상하다

　　　　　어제, 6월 27일 이른 아침에 야쿠닌 다섯 명과 함께 단고자카(團子坂)에 있는 그 유명한 종묘(種苗) 재배원과 오지(王子)에 있는 공원 및 유명한 다원들을 찾아가기 위하여 길을 나섰다. 돌아오는 길에 다시 한 번 아사쿠사 칸논지를 들를 참이었다. 56킬로미터가 넘는 거리를 가야 했고 또 모든 것을 자세하게 관찰해서 기록할 만한 시간을 가지려면 서둘러야 했다.

먼저 우리는 몇몇 거리들과 다이묘의 저택들로 둘러싸인 공공장소들을 말을 타고 질주했다. 그런 다음 쇼군의 성 주변에 길게 파놓은 성호를 따라서 뻗어 있는 아름다운 가로수와 만났다. 물이 흐르는 성호에는 항상 큰 무리를 이룬 야생 조류들이 서식하고 있는데, 이 중에는 한 떼의 거위들과 오리들이 노닐고 있다. 이 조류들을 죽이거나 또는 성가시게 하기만 해도 죽음에 처해지기 때문에 어느 누구도 감히 새들을 놀라게 하거나 몰아낼 엄두를 내지 못한다. 그 덕분에 새들은 이곳에서 안심하고 노닐 수 있다.

우리는 말을 타고 가면서 몇 차례나 다이묘나 그의 가족들이 행차하는 광경을 목격했다. 그들은 검게 옻칠을 한 커다란 지붕이 달린 가마를 타고 있었고, 그들 앞뒤로 두 자루의 검을 찬 한 무리의 호위무사들이 도보로 가거나 말을 타고 갔다. 무사들은 옻칠을 한 금빛의 대로 엮은 삿갓을 쓰고, 하늘색 겉옷을 걸치고 있었는데 등판에는 모시는 주군의 이름과 지위를 알려주는 한자가 크게 쓰여 있었다. 거기에다가 어두운 색상의 폭이 좁은 바지를 입고 파란색 양말과 신발을 갖추어 신고 있었다. 그들의 모습은 매우 인상적이었고 위엄 있는 행렬을 이루었다. 행렬 마지막에는 언제나 대나무 장대에 검은 기름종이로 싼 짐을 나르는 짐꾼 10~12명이 갔다.

에도의 장엄한 전망이 바라다보이는, 시로(현재 통치하는 쇼군이 기거하는 성)의 가장 북쪽 끄트머리에서부터 길은 마치의 저지대와 그곳에 위치한 주요한 상점가들로 이어져 있다. 거리는 얼마나 많은 사람들로 붐비는지 선두가 아무리 "하이! 하이! 아보나이!"라고 외쳐보았자 아무 소용이 없었다. 우리는 혹시 무슨 불상사라도 생길까 염려스러워 말을 천천히 몰 수밖에 없었다.

그곳을 빠져나온 뒤 우리는 다시 말을 세차게 몰았고 다이묘의 저택들이 있는 지역을 가로질러서 갔다. 그 중 일본에서 가장 부자라고 하는 사내 마에다 가가 영주의 저택은 그 규모만 보고도 알아볼 수 있었다.

이윽고 우리는 큰 시골 별장촌에 도달했다. 별장은 모두 상당수의 분재와 희귀식물이 심어진 아름다운 정원에 세워져 있다. 두 시간 반 동안 말을 타고 온 끝에 우리는 커다란 화강암 계단으로 이어져 있고 수많은 인조 바위들이 세워진 언덕 비탈에 자리잡은 그 유명한 종묘 재배원 단고자카에 도착했다. 커다란 분(盆)에다가 솜씨 좋게 다듬어서 키우고 대로 된 끈으로 조그만 형태를 유지시키는 온갖 종류의 분재들이 있었다. 높이가 1.5미터도 채 안 되고 가로로 뻗은 가지들이 직경 6.5미터의 차양을 이루는 소나무도 보았다. 그 밖에도 원예기술을 총동원해서 호랑이, 낙타, 코끼리 등의 동물 형상을 본뜬 나무들도 많이 볼 수 있었다. 어쨌거나 가장 신기한 것은 작은 줄기 열두 개가 땅에서 23센티미터에서 25센티미터 떨어져서 개구리 모양으로 얽혀 있는 소나무 한 그

▲ 왕자의 다실. 기타구(區) 구립 오토나신스이 공원 부근에 있다. '초대(初代) 히로시게 에도 토산물'.

루와 이와 마찬가지로 잔가지들을 계속 쳐내서 줄기의 두께가 13센티미터밖에 안 되고 높이도 60센티미터가 넘지 않는 오렌지나무였다.

단고자카의 언덕에서 내려다보이는 에도는 숲 한가운데에 놓인 거대한 두 개의 도시 같다.

우리는 아름다운 정원들과 공원들을 가로질러서 마음을 끄는 오지 마을까지 갔다. 다원들로 유명한 이 마을은 멋진 폭포를 이루고 있는 강 어귀에 위치하고 있다. 강의 다른 편에는 거대한 나무들이 자라는 수려한 대나무 공원이 있는 약 33미터 높이의 언덕이 솟아 있다.

나는 지칠 줄 모르는 야쿠닌들과 함께 화강암 계단으로 언덕을 오르면서, 현 쇼군 가문의 창시자인 도쿠가와 이에야스(德川家康)가 건립한 절인 곤겐사마(權現樣) 사원이 공원 한가운데에 버티고 있는 것을 보았다.

이 유명한 사원의 본전에는 액자에 끼어진 새 그림들과 천하 절세의 용모로 이름난 유녀들의 초상화가 걸려 있었다. 이 밖에도 새와 나무 모양을 본뜬 아름다운 목각, 청동 화병, 옻칠을 한 목제품, 그리고 환상적인 작은 탑 모양으로 정교하게 다듬은 2미터의 높이 청동 등 네 개가 있었다. 정문 앞에는 큰 청동제 공과 붉은색의 거대한 인왕상(仁王像) 두 개가 봉안된 전실(前室)이 놓여 있었다.

아름다운 가로수 길이 화려한 공원을 관통해서 뻗어 있었다. 내려오는 길에 한 종묘 재배원에 들어갔는데 우연히 성소(聖所) 또는 작은 당우(堂宇)로 사용되는 나지막한 집과 마주쳤다. 거기에는 불 옆에서 망을 보고 있는 두 마리의 개가 그려진 조잡스러운 그림 말고는 아무것도 없었다. 여기에서는 드넓은 들판에 펼쳐진 논 말고는 아무것도 보이지 않는 것으로 미루어 이 정원은 큰 도시의 가장 끄트머리에 있는 듯하다.

다섯 명의 엄중한 감시인과 함께 강어귀에 즐비하게 늘어서 있는 아름다운 다원들 중 한 곳에 들어갔다. 절에 올라가기 전에 아침식사를 했던 곳이기도 하다. 다원들은 번들번들 윤이 날 정도로 깨끗한 2층짜리 목조 건물이었다. 광을 냈거나 아니면 옻칠을 한 마룻바닥에는 비단으로 가장자리를 두른 다다미가 깔려 있었다. 일본 여느 곳과 마찬가지로 가구는 찾아볼 수 없었다.

종업원들은 12세에서 17세까지의 어린 소녀들이다. 그들은 다들 아름다운 용모에 농염한 자태로 기모노를 입고 그 위에다 걷기가 거의 힘들 지경으로 넓은 띠를 꽉 졸라맸다. 버팀대를 넣어 넓게 퍼지게 한 유럽의 스커트와는 완전히 대조적이다. 소녀들은 다다미를 깐 방에 들어오기 전에 늘 벗어놓아야 하는 게다를 신고 있었다. 그들의 머리 모양은 모발 예술의 진정한 걸작이다. 손님이 들어와서 무릎을 꿇고 자리를 잡으면 이 어린 요정들 중 하나가 손님에게 머리를 깊이 숙이면서 담뱃대와 청동제 원통 두 개가 들어 있는 옻칠을 한 조그만 목제 상자를 가져다놓는다. 원통 하나에는 담배가 들어 있고 또 다른 통에는 달구어진 석탄재가 들어 있다. 그러는 사이에 다른 아리따운 소녀가 역시 고개를 깊이 숙이면서 후지산이나 황새가 금색으로 그려진 옻칠을 한 소반에다 녹차가 담긴 잔을 우유나 설탕도 없이 가져다놓는다.

다원들은 강어귀까지 미치는 화원들로 에워싸여 있는데 그곳에는 개방된 아름다운 정자와 분재들이 있다. 우리를 다른 손님들과 격리시키기 위하여 폭포를 아주 가까이에서 바라볼 수 있는 한 정자로 안내했다.

젊은 여성들 중 하나가 불그스름하게 옻칠을 한 소반에다 밥, 생선회와 맛 좋은 양념장으로 간을 해서 익힌 생선, 가재, 해조, 아스파라거스와 비슷하게 생긴 죽순, 그리고 완숙 계란을 차려왔다. 그러고 나서 튤립 모양의 주석제 병에 차가운 사케와 유리잔을 대신해서 작은 사기잔을 건네주었다.

나는 일본식으로 무릎을 꿇고 앉기가 불편해서 다다미 위에 반쯤 누운 채 아침식사를 들었다. 다른 젊은 여인 하나가 나를 호위하는 다섯 명의 무사에게 밥, 생선회와 익힌 생선, 그리고 절인 야채를 차려왔고 뜨거운 사케가 가득 담긴, 적어도 여섯 개는 되는 술병을 연달아서 가져다주었는데 그들은 찬 것보다는 뜨거운 사케를 원했다. 그러고 나서 6이치부(15프랑)가 나온 계산서를 내 앞에 놓았다.

일본의 서당과 대장간

아침식사를 마친 뒤 우리는 늘 하는 배열로 아사쿠사 칸논지를 향해서 계속 말을 타고 달렸다. 길 양편에 별장, 종묘 재배원, 그리고 채소밭이 거의 끊이지 않고 늘어서 있었다. 말을 타고 가면서 본 것 중 유일하게 흥미로웠던 것은 대장간과 일본 서당(寺子屋, 데라코야)이었다. 좀더 자세히 보고 싶었던 나는 그 두 곳에 들어가 보았다.

서당은 거리 쪽으로 개방되어 있고 물론 의자도 탁자도 없었다. 4세에서 6세까지의 사내아이 60명가량이 다다미가 깔린 바닥 위에 쪼그리고 앉아 있었다. 훈장이 비스듬히 놓여 있는 흑판에다 하얀 분필로 한자를 적으면 그것을 일본어 낱말과 소리로 바꿔 적을 수 있게 아이들 손에는 두루마리 종이가 들려 있었다.

훈장은 서당을 대표해서 나를 환영했지만, 서로 의사전달에 어려움이 많아서 우리의 대화는 길지도 흥미롭지도 않았다. 그렇지만 나는 일본어의 복잡한 문자체계 때문에 아이들에게 먼저 한자와 함께 일본 문자 쓰는 법을 가르쳐야 한다는 말은 알아들었다.

대장간에서 내 관심을 끈 것은 단순하면서도 독창적인 구조의 이중 풀무였다. 세로로 바닥에 놓여 있는 그것은 길이 1.6미터, 폭 39센티미터, 높이 42센티미터의 폐쇄된 상자로, 앞뒤에 하나씩 달린 두 개의 흡입 밸브를 통해 공기를 유입한다. 상자 바닥에는 지하관을 통해서 대장간 한가운데에 8센티미터 깊이로 파인 큰 용철로(熔鐵盧)와 연결된 구멍이 나 있다.

상자 앞에 한 사내아이가 앉아서 앞으로 발을 밀었다가 다시 뒤로 당김으로써 상자 안에 있는 펌프를 움직이는 동작을 반복했고 그때마다 매번 공기가 상자에서 지하관으로 들어가서 대장간의 용철로를 연소시켰다.

나는 몇 시간 동안 아사쿠사 칸논지와 이 절을 둘러싸고 있는 여흥장소에 머물렀다가 젠후쿠지 경내에 있는 미국 공사관으로 돌아갔다. 그날의 암호는 '무스메(娘, 낭자)'였다.

새벽 예불

새벽 4시 30분, 스님들을 법당으로 불러 모으기 위하여 매일 같은 시각에 울리는 종소리를 듣고 눈을 떴다. 나도 새벽 예불에 참석하기 위하여 허둥지둥 옷을 챙겨 입었다.

방을 나서자마자 나를 절까지 수행했던 야쿠닌 세 명이 내게 말을 걸어왔다. 의식은 아사쿠사 칸논지에서 했던 것과 비슷하게 진행되었다. 자색의 긴 승복을 입은 스님이 수많은 밀랍 초가 타고 있는 제단 앞에서 예불을 올리고, 이 밖에 스님 20명이 무릎을 꿇고 앉아서 산스크리트어로 염불을 외고 있었다. 일본 승려들은 모두 삭발을 하며 독신이 장려됐다.

하지만 사람들은 아직도 이 나라의 토착신앙인 신도(神道)를 믿고 있다. 이 밖에도 1300~1500년 전에 중국에서 유교가 도입되었고 마지막으로 7세기에 불교가 전래되었다. 불교가 현재 일본의 주도적인 종교다.

이날 아침 7시 반경에 나는 여섯 명의 야쿠닌들과 함께 길을 나섰고, 그들 가운데 한 명은 나중에 이탈했다. 마부 여섯이 늘상 그렇듯이 우리가 가는 곳마다 따라왔다.

우리는 곧장 스칸가와 하치만(深川八幡) 신사로 향했는데,

처음 가보는 지역을 지났다.

우리는 항구에서 가까운 다이묘의 저택들이 있는 거리를 지나서 말을 달렸다. 그리고 몇몇 큰 상점가를 통과했고, 에이타이 다리(永代橋)를 건너서 하구에서 아주 가까운 오오강을 가로질러 갔다. 1시 45분에 우리는 스칸가와 하치만 신사에 당도했다. 이곳은 에도에서 가장 수려한 신사들 가운데 하나다. 우리는 거대한 화강암 정문을 통해서 들어갔고, 여기서부터 커다란 돌판을 깔아놓은 길이 시작되는데, 넓은 마당과 여러 개의 독립된 문들을 지나서 곧바로 본전으로 이어진다.

목조 건물인 법전은 일종의 슈미단 혹은 석대 위에 솟아 있다. 건물 앞 오른편과 왼편에 각각 사자상이 하나씩 놓여 있고 2.5미터 높이의 주춧돌 위에는 창호지를 바른 창이 달린 장엄한 화강암 석등이 서 있다. 거기에서 몇 걸음 더 가면 높이 60센티미터의 화강암 받침대에 용의 모습과 글자를 새겨놓은 2.6미터 높이의 청동 등이 두 개 놓여 있다. 그 옆 오른편에는 가로로 놓인 각재를 사용하여 울리는 2미터 높이의 범종이 있다.

신사는 목각으로 아름답게 단장을 했고, 황새 그림들이 친장과 벽을 장식하고 있다. 본전은 두 부분으로 나뉘어 있고 여러 개의 제단, 신상, 청동사자, 칠기그릇, 은제 화병, 황금색 연꽃 등이 있다. 신사를 둘러볼 때 사람들이 "토우진! 토우진!"이라고 계속 불러대면서 내 뒤를 졸졸 따라다녔다. 나는 본전 뒤켠 시든 나무 우듬지에서 황새 둥지를 보았다.

수행원들과 함께 그곳을 나온 뒤 사케 벤텐(洲崎弁川) 사원으로 갔다. 건물 옆에는 높이 1미터의 받침대 위에 앉아 있는 청동 다이부쓰(大佛, 큰 불상)가 봉안되어 있었으며, 크기는 2.2미터다.

사원에서 가까운 강가에 아름다운 다원이 하나 있다. 우리는 정자에서 맛 좋은 차를 마셨다. 이곳에서는 항구와 인접한 정원들의 아름다운 전망이 내다보이는데, 정원사들이 솜씨를 발휘해 가지들이 전부 나무줄기에서 수평으로 자라도록 가꾼 소나무들이 눈에 들어왔다. 이 다원에는 일본에서 만든 망원경도 구비되어 있었지만 이 도구를 통해서 보느니 차라리 맨눈으로 보는 것이 훨씬 더 잘 보인다. 료고쿠바시(兩國橋)라고 부르는 두 번째 다리를 건너서 다시 공사관으로 돌아왔다.

아침식사를 한 후 아카바네(赤羽) 경내에 있는 공원에 가보았는데, 예전에는 일본인 묘지로 사용되었던 곳이다. 여기에 미국 공사관에서 통역관으로 근무했던 헨리 허이스켄의 무덤이 있기 때문에 주목할 만하다. 그는 1860년 1월 19일 에도에서 살해되었고 기독교인으로서는 유일하게 이곳에 묻혔다. 또한 그는 정확하게 일본어를 읽고 쓸 줄 아는 유일한 외국인이었다. 결국 일본어를 완벽하게 구사하는 능력 때문에 살해된 것이기도 한데, 일본인은 그가 너무나 많은 것을 알고 있고 그래서 그들 통치기구의 기밀을 폭로할지도 모른다는 두려움을 가졌던 것이다. 헨리 허이스켄이 이곳에 묻힌 이후로 이 묘지는 일본인에게 수치스러운 장소가 되었다. 그래서 현재 그의 무덤은 누구도 돌보지 않은 채 완전히 방치되어 있다.

일본의 신분 구조

일본 사회는 여섯 개의 신분으로 나뉘어 있다. 상위 세 신분은 서로 미미하게 구별될 뿐이고, 하위 세 신분은 인도 힌두교의 카스트 제도처럼 엄격하게 구분된다.

많은 특권을 누리고 두 자루의 칼을 허리에 찰 권리(帶刀, 다이토오)가 있는 사무라이(귀족)가 최상층의 신분을 이룬다.

두 번째 신분은 문인들로 여기에는 승려와 의원(醫員)이 속하며 그들도 사무라이와 마찬가지로 두 자루의 칼을 차고 다닐 권리가 있다.

세 번째 신분에는 어부·수공업자·수부·상인·농민이 속해 있다. 이 신분에 속한 자는 누구든지 최상층 신분과 이야기할 때는 반드시 무릎을 꿇어야만 한다.

네 번째 신분에는 에타(穢多, 피를 보는 사람들)가 있는데, 여기에는 사형 집행인·박피공·제혁공이 속하며 그들은 모두 깨끗하지 않은 사람들로 간주되고 도시 외곽에서만 거주해야 한다. 그들은 에도에 거주하면서 쇼군에게 적지 않은 세금을 바치는 단사이만(왕초)에 의해서 통제된다.

다섯 번째 신분에는 고지키(乞人, 걸인)가 있고, 에도에서는
네 그룹으로 나뉘는데 각각 대장이 한 명씩 딸려 있다. 이 중 한
그룹은 이전에는 귀족이었지만 신분이 박탈된 자들로서, 그들은
자신들의 비참한 처지를 수치스럽게 여겨 높이가 무려 66~79센
티미터나 되는 거대한 관(管) 모양의 대로 엮은 삿갓으로 얼굴을
가리고 다닌다. 사람들이 알아보지 못하도록 국가는 이 불운한
자들을 보호해주는데 사형을 당할 때도 그들이 쓴 삿갓을 들어올
리는 것을 금하고 있다.

여섯 번째 신분에는 기리시탄(기독교인)이 속하는데 그들은 17
세기 중엽에 기독교로 개종했고 1684년 무참히 살륙을 당한 일본
기독교인들의 후예들이다. 당시 기독교인 자식들의 목숨은 살려주
었는데, 그들을 불교로 개종시켰다. 후손들은 불교를 믿고 기독교
에 대해서 아는 바가 전혀 없는데도 철저하게 경멸을 당하고 깨끗
하지 못하다고 간주되며 에도와 격리된 지역에서 거주해야만 한다.

에도의 인구는
약 250만~300만 명

일본에는 호적이라는 게 없고 인구 조사
도 하지 않기 때문에 250만 명에서 300만 명으로 추산하는 에도
의 인구를 대략이나마 확인하는 것도 매우 어렵다.

대리공사 포트먼 씨는 1854년 페리(Matthew C. Perry, 1853~54년 군함을 이끌고 일본으로 하여금 근 2세기 동안이나 유지해 온 쇄국정책을 버리고 서구와 무역 및 외교관계를 맺게 한 장본인 - 옮긴이)사령관의 비서 자격으로 이 나라에 왔고 1859년 이래로 계속 에도에서 거주하고 있는데, 그는 이 나라 수도의 인구가 250만은 넘지 않을 것으로 믿고 있다. 그에 의하면 에도의 인구는 다음과 같이 구성되어 있다.

쇼군가에 속한 관리 · 하인 · 가신들	225,000명
다이묘와 그의 가신들	600,000명
에타 · 걸인 · 기독교인	50,000명
승려와 의사	225,000명
상인 · 수공업자 · 어부 · 농민 · 수부	1,100,000명
순례자 · 방랑자	200,000명
유녀	100,000명
총	2,500,000명

주민들은 순수 일본인이고, 현재 에도에 체류하고 있는 유일한 외국인은 외교 대리공사인 포트먼 씨와 나뿐이다. 외국과의 교역을 위해 개항한 세개의 항구 도시에도 외국인이 차지하는 비율은 아주 미미하다. 요코하마에 약 200명, 나가사키에 약 100명,

그리고 하코다테에 15명 가량의 외국인이 사니까 일본 전역에 기껏해야 315명 가량이 산다고 할 수 있다.

요코하마	약 200명
나가사키	약 100명
하코다테	약 15명
총	315명

요코하마의 외국인들은 해변과 인접한 격리된 지역에 모여 살고 있다. 그들의 주택은 2층으로 지어졌다. 유리창이 있으며 아래층에는 베란다가, 위층에는 회랑이 있다. 모든 집들은 꽃과 나무가 심어진 아름다운 정원 한가운데에 지어져 있다. 특히 종려나무, 송백나무, 동백나무를 많이 심어놓은 내 젊은 친구인 그라우어르트의 정원이 눈에 띈다.

이 집의 가구들을 보면 집주인의 고상한 취향과 감각을 엿볼 수 있다. 또한 일본 가구공의 독창력이 돋보이는데, 그는 이 나라에 전혀 알려지지 않은 가구들을 한 번도 본 적이 없으면서도 그라우어르트 씨가 설계한 대로 척척 만들어냈다.

문명은 최고 수준,
도덕관념은 저급

내가 다시 상트페테르부르크로 돌아가면 지기들은 내가 유럽인으로서 일본 문명에 대해서 어떻게 생각하느지 물어올 것이 뻔하다. 그러면 나는 이렇게 되물을 생각이다. "자네들은 문명이라는 단어를 어떻게 이해하는가?"

이 단어가 물질적인 측면만을 의미한다면, 증기 기계의 도움 없이도 공예분야에서 최고의 완벽한 수준에 도달한 일본인들은 높은 문명을 가지고 있다고 대답할 것이다.

또 일본의 학교 교육은 유럽의 문명국가들보다 훨씬 더 일반

화되었다. 아시아의 여타 민족들은 중국인조차도 여성들을 무지의 상태로 내버려두는 데 반해서 일본에서는 남녀를 막론하고 최소한 국어를 일본 문자와 한자로 읽고 쓸 줄 모르는 사람이 없다.

하지만 문명이라는 말을, 최상의 감정과 마음속의 갈망 그리고 이성(理性)의 가장 고귀한 자질을 고무하기 위하여, 또 미신을 타파하고 관용을 베풀기 위하여 종교의 정신을-기독교인이 이해하는 것과 같은-나누고 간직하는 것으로 이해한다면, 서양 국가들이 동양보다 훨씬 앞질러 있다.

그건 그렇고 나는 앞 장에서 문명의 가장 고귀한 표현이라고 할 수 있는 최상의 숭고한 미덕을 가지게 하는 감정들, 그런 고귀한 감정들을 일본인이 갖지 못할 수밖에 없는 원인과 이유들을 언급한 바 있다. 하지만 이 민족의 도덕관념을 저급한 수준으로 머물게 강제하는 또 다른 이유들이 있다. 그것은 우선 자유로운 힘의 사용을 제한하고 억누르는 봉건통치의 억압적인 경향 때문이다.

정탐과 감찰로 권력을 유지하는
쇼군 정권

또 다른 이유는 전 쇼군 정권에 걸쳐서 그들의 가장 강력한 무기인 밀고에 기초한 은밀하면서 공공연하게 저질러지는 불운한 정탐 또는 감찰제도에 있다. 막부 관리는 절대로 혼자 다닐 수 없다. 늘 그의 일거수일투족을 감시하고 막부에 보고하는 오오메츠케(大目付, 모든 것을 보는 눈 또는 밀정)가 그와 동행한다.

내가 이곳에 온 이후로 일본 관리 한 명이 매일 저녁 포트먼 씨를 찾아오는데, 심지어 이 관리에게도 그를 감시하는 오오메츠케가 따라붙는다. 정교하게 엮은 망과 같은 감찰제도는 상위 두 신분에 속하는 모든 집안에 널리 확산되어 있어, 백성들에게 불신감을 심어주는데 그들에게 상호간 신뢰나 정직을 기대할 수 없는 것은 당연한 결과다. 그래서 일본인에게서 볼 수 있는 가식은 사회 관습처럼 굳어버렸고 정치제도와 행정제도의 전 메커니즘에 걸쳐서 일상화되었기 때문에 나쁜 관습이라고만 하기에는 그 정도가 지나치다.

외국 교류와 관련해서는 쇼군은 최선의 의도를 가지고 있다. 외국과의 교류는 농업 분야뿐만 아니라 국가적 차원에서도 유용할 것이며 일본으로서 큰 이익이 되리라는 것을 누구보다 잘 알고 있기 때문에 쇼군은 기꺼이 외국의 영향권과 활동 범위를 넓히려고 한다.

그런데 불행하게도 이 나라는 다이묘들이 사실상의 지배자로서 영향력을 행사하고 있고 자신들의 이익만 안중에 있을 뿐이다. 외국과의 교역이 확대되면 외국인이 일본인과 접촉하는 빈도가 나날이 늘어나 정신적·도덕적 진보를 가져올 것이며, 이는 많은

변화들을 초래하고 무엇보다도 증오의 대상인 억압적 봉건통치의
붕괴로 이어질 수도 있다는 것을 다이묘들이 모를 리가 없다. 이
것이 외국과 관계를 맺고 계속 발전시켜나가는 것에 대하여 그들
이 고집스럽게 적의를 드러내는 유일한 이유다.

외국인에 대한 국민의 적대감을 끊임없이 부추기고 오래전부
터 에도항의 개항을 방해하는 세력도 역시 다이묘들이다. 외국인
이 에도에 머문다면 막부 정부는 그들을 보호해줄 역량이 없을 것
이다. 외국인의 목숨을 보호하는 것은 강력한 외국 군대가 외국
인 거주지와 인접한 곳에 주둔해 있고 밤낮으로 거리를 순찰할 때
만이 가능할 것이다.

에도항에 주둔하고 있는 막강한 외국 군함조차도 외국인 주
민이 모조리 살륙을 당한다 하더라도 막지 못할 것인데, 그 이유
는 항구의 수심이 낮아 배들은 기껏해야 해안에서 6.5~8킬로미터
떨어진 곳에 정박할 수 있으며 가장 작은 보트조차도 간조 때는
도시까지 도달하지 못하기 때문이다.

하지만 일련의 조약에 따라 교류가 허용된 열강들 중 어느 나
라도 에도에 있는 교역장을 보호하기 위하여 일본에 군대를 보내
지는 않을 것이다. 그럴 경우 일본과의 교역에서 벌어들인 이익
은 고스란히 군대를 유지하는 데 들어가고도 부족할 것이기 때문
이다.

외국교역의 이익은
소수 고급 관리만 차지

일본과 러시아 · 프러시아와의 교역은 전무하고, 프랑스 · 네덜란드 · 미국과의 교역도 보잘것없다. 그나마 영국과의 교역은 일본 전체 외국 무역에서 3분의 1을 차지한다. 그렇지만 대영제국의 총 해외무역에서 일본이 차지하는 비율은 50분의 1도 되지 않는다. 따라서 영국이 일본과의 관계를 악화시킬지도 모르는 모험을 감수하면서까지 에도에 3만 명의 병력을 파견하지 않을 것은 뻔하다.

현재 요코하마 항구에는 네덜란드 군함 1척, 영국 군함 7척, 그리고 프랑스 군함 2척이 정박해 있다. 이 밖에도 800명의 영국 보병연대, 120명의 프랑스 보병연대가 주둔중인 현재로서는 일본과의 교역을 보호하기 위해서 드는 비용이 이익보다 더 많을 것으로 나는 보고 있다. 이 외에도 영국 군함 1척이 나가사키 항구에 정박하고 있다.

유럽에서 비단, 차, 면화 가격이 급락한 것도 한 원인이지만, 일본 정부 편에서 계속 만들어내는 장벽들과 나이묘의 증오심에서 연유하는 장애들 때문에 1년 전부터 거래를 하는 대상인은 별로 없고 그나마 이문을 내는 사람은 고작 세 명밖에 찾아볼 수 없을 정도로 요코하마에서의 교역은 지지부진하다. 이 셋 중의 하나가 하노버가에 속하는 린겐의 저명한 그라우어르트 박사의 아들인 내 젊은 친구 그라우어르트다. 그는 탁월한 수완 덕택에 알찬 거래들을 하고 있으며 빠르게 큰 재산을 모으고 있다.

다이묘의 사주로 쇼군 정부가 외국과의 교역에 압박을 가하기 위하여 고안한 무수한 장애들에 대해서 조금이나마 짐작할 수 있게 몇 가지 예를 들어보겠다. 서구 열강과 체결한 일련의 조약에 따르면 외국 금화와 은화는 모두 일본에서 유통될 수 있으며, 또한 일본 주화와 제약 없이 교환할 수 있고, 금속의 정교함에서 차이가 날 경우 무게 대 무게 그리고 실제 가치에 따라서 바꿀 수 있는 효력을 가진다.

하지만 일본 정부는 이 합리적이고 정당한 조약에 따른 합의를 존중하기는커녕 멕시코 피아스타를 제외하고는 다른 외국 주화를 허용하지 않고 있으며, 멕시코 피아스타도 그나마 요코하마, 나가사키, 그리고 하코다테(函館)에서만 교환할 수 있다. 게다가 그것도 피아스타의 실제 가치는 3이치부가 넘는데 2이치부 5템보우라는 형편없는 시세로 환전되고 있다.

외국과의 무역을 저지하기 위해 고안해낸 엄청난 비용과 수수료 말고도, 유일하게 허용된 외국 주화를 바꿀 때 일본 정부는 34.5퍼센트에서 46퍼센트까지의 순이익을 챙김으로써 상대편에게 손해를 끼치고 있는데, 악용의 도가 지나칠 정도로 일본 정부는 조약에 명시된 규정들을 명백하게 위반하고 있다.

일본 정부가 자신을 변호하기 위하여 멕시코 피아스타의 실제 가치를 몰랐다는 식으로 둘러댄다고 하더라도 이런 부당함이 정당화되지는 않는다. 게다가 모든 외국 외교관, 외교관 시보, 그리고 영사관 직원 및 항구에 정박하고 있는 군함의 사령관에서 일개 사병에게까지 매달 일정 액수의 피아스타를 1피아스타에 3이치부의 시세로 세관에서 바꾸는 것을 허용함으로써 외국과의 무역 여건을 한층 더 어렵게 만들고 있다. 예를 들면 이 시세로 매달 공사는 2천, 총영사는 1500, 부영사는 1천 피아스타를 교환할 수 있고, 교역에는 불리하지만 이 차액으로 고위 관리들은 엄청난 이득을 챙기고 있다.

요코하마와 나가사키의 대상인들이 이런 비열한 처사에 대해서 여러 번 항의해보았지만 아무런 소용이 없었다.

문명국가의 정부 쪽에서 이런 짓거리를 한다는 것은 도저히 상상할 수 없는 일이다. 내가 한 말에 의구심이 생기는 사람은 3년간 일본에서 영국 공사로 재직하면서 큰 이득을 챙겼다고 스스로 인정하고 심지어 거기에 대하여 자세하게 보고하고 있는 앨콕 경의 일본에 관한 두 권짜리 저서를 읽어보라.

에도에서의 마지막 날

6월 29일 어제 저녁 이곳에서 숨을 거둔 귀족 출신의 한 야쿠닌 장례식에 참석하고 나서 나는 이 글을 썼

다. 그는 미국 공사관 앞에 주둔하고 있는 경비대에 소속되어 있
었다. 고인은 두 자루의 검과 부채를 허리에 찬 채 사무라이 복장
을 하고 머리에는 검게 옻칠을 한 삿갓을 쓰고 있었다. 그의 시신
은 여성 모자 보관용 상자와 비슷하게 생긴 높이 1.2미터, 깊이와
폭이 각각 60센티미터인 관에 들어 있었으며, 모체에 있는 태아
처럼 관에 앉아 있을 수 있게 그의 다리와 팔을 구부려놓았다. 일
본인의 이런 관습은 태어날 때의 모습 그대로 시신을 매장하라는
이 나라 종교의 가르침에 따른 것이다. 저승에서 영혼이 요기를
할 수 있도록 시신 주변에다 콩과 채소가 담긴 그릇을 놔두었다.

그런 다음 관에 못질을 하고 백합 화환으로 장식을 한 흰 천
을 관 위에 덮고 본당의 큰 제단 앞에 있는 단 위에 올려놓았다.
스님이 제단 위에 있는 초에 불을 붙이고, 향을 피우고, 종을 울
리고, 고인을 위해 극락왕생을 비는 동안에, 기다란 흰 겉옷을 걸
친 공사관의 야쿠닌 300명이 관 앞에 무릎을 꿇고 합장을 한 채
고인의 명복을 빌었다. 관 양편에 서 있는 40명의 스님들은 산스
크리트어로 망자의 극락왕생을 비는 경을 외기 시작했다. 모두
흰옷을 입었다. 위령제가 끝난 후 한 승려가 불당의 옥외 계단을
내려가서 새장 문을 열고 그곳에 갇힌 흰 비둘기 한 마리를 날려
보냈다.

이 상징적인 행동이 끝나고 나서 관을 대로 엮은 밧줄로 휘감
은 다음 대나무 장대에 붙들어 매서 사찰 가까이에 있는 묘지로

운반했다. 관이 땅속으로 들어가자 참석자들이 한 명씩 다가와
한 줌의 흙을 관 위에 뿌렸다.

　일본에서 흰색은 애도의 색이기 때문에 흰옷을 입고 방문하
는 것은 큰 결례다. 한 집안의 가장이 죽으면 패(牌)에 새겨진 그
의 이름을 흰 종이로 덮어 싼다.

　오늘 나는 기마 야쿠닌 다섯 명의 호위를 받으며 요코하마로
다시 돌아갈 것이다.

9장

태평양을 건너 샌프란시스코로

(1865년 9월 2일)

이제 일본도 다녀왔으니 캘리포니아를 마지막으로 내 세계일주의 여정을 마칠 생각이다. 7월 4일, 기선이 없어서 샌프란시스코로 가는 작은 영국 선박 에이번 강의 여왕(Queen of the Avon)호에 승선했다.

아침 9시경 배가 출발할 때는 북쪽에서 미풍만 불어와서 그 덕분에 몇 시간 동안이나 요코하마와 가나가와 그리고 후지산의 장엄한 전경을 즐길 수 있었다. 후지산은 만년설로 덮여 있었고 두 도시에서 128킬로미터나 떨어져 있었는데도 지척에서 솟아 있는 듯했다. 오후 4시께 우리가 탄 배의 뱃길을 인도해준 도선사(導船士)가 갈아타야 할 수로 안내선에 당도했다.

캄차카 반도
날짜미상
일본
요코하마
1865/7/4
7/18
7/28
8/8
8/7
8/17
샌프란시스코
북아메리카
하와이
북회귀선
고래의 서식수역
날짜변경선
적도
50°
40°
30°
20°
10°
0°
140
150
160
170
180
170
180
160
150
140
130

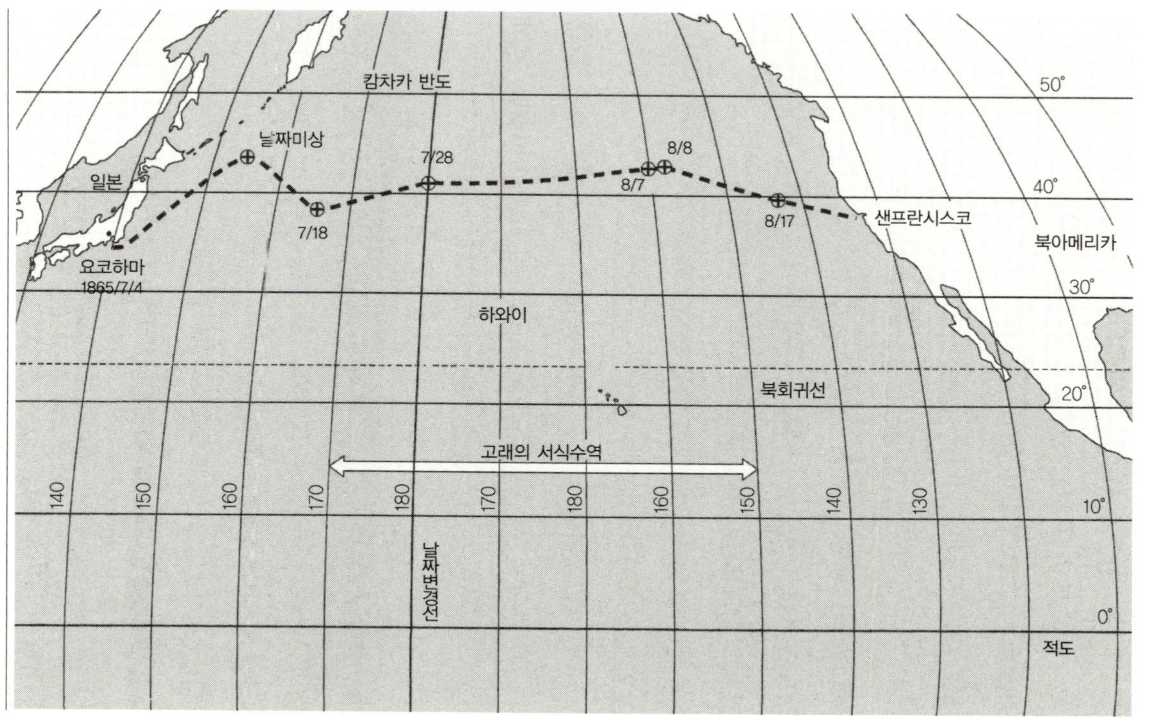

▲ 슐리만의 향해도

이 보트에는 스코틀랜드 출신으로 요코하마에서 활동 중인 상인이 타고 있었는데, 채권자들의 추적을 피해서 도망을 가는 중이었다. 그는 우리가 탄 배의 선장인 헨리 스테드퍼드 루크 씨에게 자신을 캘리포니아까지 태워주고 항해기간 중 선원들과 함께 먹고 자게 해주면 멕시코 화폐로 300피아스타(1,800프랑)를 주겠다고 제의했다. 하지만 선장은 그날 아침에 요코하마 주재 총영사관 측으로부터 이 요주의 인물이 배에 승선하지 않도록 주의하라는 공문을 받았던 터라 그의 제의를 거절했다.

배는 밤 10시 30분경에 출범하여 스바키곶과 사가미곶 사이의 드넓은 태평양으로 나아갔다.

배 안에는 잠자리가 두 개씩 마련되어 있는 작은 객실 두 개밖에 없었는데, 하나는 미국인이 또 하나는 내가 차지했다. 승객이 두 사람 더 있었다. 그 중 한 명은 청나라 닝보(寧波)에서 상인으로 활동하는 W. 새첼 씨로 그는 선실의 긴 안락의자에서 자는 것으로 만족해야만 했고 또 한 명은 프랑스 발랑시엔 출신의 유명한 첼리스트 알레상드르 드바셰 씨로 그는 기관사실 침대에서 자야 했다. 항해 운임은 멕시코 화폐로 200피아스타(1,200프랑)였다.

알레상드르 드바셰 씨는 10년 전부터 동양을 두루 여행하면서 연주회로 벌어들인 수입으로 살아가는 아주 유명하고 젊은 음악가다. 그는 마다가스카르, 부르봉, 모리셔스, 실론, 싱가포르,

자바, 그리고 마닐라 섬들을 차례로 방문했고 또한 봄베이, 마드라스, 퐁디셰리, 콜카타, 홍콩, 상하이도 다녀온 바 있는데, 36~40도를 오르내리는 열대 더위 속에서 연주를 듣고 싶은 기분이 특별히 날 사람이 없을 듯한데도 그의 연주회는 늘 성황을 이루어 크게 성공을 할 수 있었다.

내가 인도나 청나라에 있을 때도 어디에서나 사람들이 완벽한 그의 연주에 대해서 열광적으로 이야기하는 것을 들었다. 그의 재능은 나가사키와 요코하마에 거주하는 소수의 외국인 사이에서도 폭풍 같은 열광을 불러일으켰다. 요코하마 주재의 프랑스 전권대표인 라 로슈 씨가 그에게 공사관의 큰 홀에서 송별 연주회를 열어달라고 간곡히 부탁했을 때, 그 대단한 음악가는 이미 첼로와 다른 짐들마저 배에 실어놓은 상태였지만, 배가 출발하기 바로 전날 밤에 성황리에 연주회를 마쳤고 그 대가로 450피아스타(2,700프랑)를 받았다. 드바셰 씨는 이름난 음악가일 뿐만 아니라, 길고 고된 여로에 기발하고 재치 있는 위트로 나를 즐겁게 해준 좋은 여행 동반자가 되어주었다. 선상에서 새첼 씨와 함께 지낸 시간도 유쾌했다.

하지만 전에 요코하마에서 대중음식점 주방장으로 일하다가 행운이라도 한 번 잡아볼까 해서 캘리포니아로 가려는 미국인에 대해서는 도저히 좋은 소리가 나올 수 없다.

키가 185센티미터가 넘는 그는 교육이라곤 전혀 받지 못한 거칠기 짝이 없고 욱하는 성질에다 대단한 허풍쟁이였다. 게다가 싸움꾼이면서 엄청난 겁쟁이이자 게으름뱅이였다. 아무도 그에게 말을 걸려고 하지 않았지만 그는 시비 붙일 거리만 궁리하고 있었다. 그는 끊임없이 욕설을 퍼부어댔고 누구든지 자기에게 가까이 오려고 하면 죽여버리겠데며 불쾌하기 짝이 없는 광포한 협박을 해댔다.

그러던 중, 우리 중에서 가장 약해 보이는 한 사내가 결연하게 그에게로 다가가서 흠씬 두들겨패주겠다고 으름장을 놓았다. 그러자 그는 비겁하게 뒤로 물러나더니 어디론가 사라졌다. 6주 동안이나 이 따위 야만인과의 동행을 참아내야 하는 것만큼 괴롭고 언짢은 일은 상상할 수 없을 것이다. 다행히도 대형 기선이라면 이런 부류의 인간들은 3등석을 타고 있게 마련이라서 절대로 같이 지낼 염려가 없을 것이고, 만약 같은 1등석에 타고 있더라도 공간이 넓어서 이런 인간들을 피하는 건 아주 간단한 일이다. 하지만 에이번강의 여왕호과 같이 작은 선박 안에서는 라운지라고 해봐야 폭 2미터, 길이 4미터밖에 안 되기 때문에 혐오스러운 만남을 피하는 게 쉽지 않다.

배를 탄 지 35년이 됐고 그 중 29년간을 선장으로 지낸 49세의 성실한 선장 헨리 스테드퍼드 루크 씨가 베푼 친절과 정중한 태도에 대해서는 입에 침이 마르도록 칭찬을 해도 모자랄 것이다. 그는 이미 수차례 대양을 항해했으며, 오랜 선원생활을 하는 동안 겪었던 숱한 모험들을 흥미진진하게 들려주었다.

무엇보다 내 귀를 기울이게 했던 인상적인 이야기는, 그가 기적처럼 이겨낸 허리케인, 태풍, 그리고 회오리바람과의 수많은 사투에 대한 것이었다.

예를 들면 허리케인이 몰아닥쳤을 때, 뱃전을 무섭게 때리며 갑판 위에 있는 것들을 모조리 휩쓸고 간 난폭한 파도에 그는 일곱 번이나 휩쓸려서 바다로 던져졌지만 그때마다 하늘이 도왔는지 밧줄에 매달려서 죽음을 모면할 수 있었다. 그는 경험이 풍부한 사내였고 항해에 관한 한 완벽한 전문가였다. 그는 지칠 줄 모르며 어려운 상황에서는 비범한 냉철함을 보여주는데, 한마디로 말해서 그는 선장다운 선장이다.

그는 코가 반쪽밖에 없는데 여기에는 사연이 있다. 몇 년 전에 배의 요리사가 선장의 하녀에게 홀딱 빠져 있었는데, 그는 망망대해에서 선장에게 그녀를 당장 자신에게 달라고 요구했다. 하지만 선장은 항구에 도착하기 전에는 그렇게 할 수 없다며 일언지하에 거절했다. 이에 격분한 요리사는 선장에게 달려들어서 그의 코 반쪽을 물어뜯었다. 선장은 그 미치광이 구애자를 쇠사슬에 묶도록 했고, 세인트 헬레나(아프리카 서해안에서 1,850킬로미터 떨어진 곳에 위치한 남대서양의 영국 식민지 섬 − 옮긴이)에서 배의 돛을 내린 다음 그를 당국에 넘겼다. 요리사는 7년 강제노역을 선고받았다.

자기 분야에서 유능한 모든 사내들이 능력 있는 부하 직원을 고르는 안목이 있듯이 이 선장도 항해에서 많은 공을 세운 젊은 친구 존 호퍼 씨를 일등 항해사로 기용했다. 호퍼 씨는 해양학에 관해서 꿰뚫고 있기도 하지만 일등 기관사가 되기 전에는 철학을 공부한 특별한 이력도 가지고 있다. 그는 고대 그리스와 로마 작가들의 저서들을 읽고 나서 자신이 품었던 결심을 바꾸었고 무미건조한 선원의 길로 들어섰다. 그는 역사와 지리에 대한 깊이 있는 지식을 갖추고 있으며 최신 문학, 특히 영국문학에 조예가 매우깊고 셰익스피어의 희곡들을 거의 모두 외우고 있는데, 한마디로 그는 유능한 선원이자 학자였다.

이등 항해사 어커인 씨는 스코틀랜드출신으로 아주 실무적이고 쓸 만한 사내다. 내가 해수욕을 하러 새벽 3시 반에 갑판으로 올라가면 그는 늘 그날 어떤 바람이 불지 예측을 했는데, 그의 예상은 거의 빗나가지 않았다.

이 외에도 충직하고 성실하게 맡은 임무를 수행하는 순수 영국인 선원 다섯 명과 모리셔스 섬 원주민인 요리사 한 명이 승선해 있었다. 우리에게 최상의 요리를 대접할 수 있다면 그는 더없이 행복했을 테지만 그는 이 분야에서는 신참내기인데다 소질도 별로였다. 게다가 재료도 마땅치 않아서 우리가 맛볼 수 있는 것은 밥, 소금에 절인 냄새 나는 쇠고기, 때로는 차게 때로는 구워서 껍질째 삶은 감자, 베이컨, 돌처럼 단단한 비스킷에 한정되었다. 이 밖에도 매일같이 후식으로 푸딩이 나왔는데, 거기에는 우유나 달걀, 버터도 첨가되지 않아서 풀을 먹는 것처럼 목구멍으로 넘기기가 늘 고역이었다. 요리사는 가끔 진미로 완두 수프를 우리 앞에 내놓았다. 열다섯 살짜리 소년과 오랜 세월 모리셔스 섬에서 일한 적이 있는 마흔 살가량의 하녀가 우리를 시중 들었다. 그녀는 그동안 한 번도 결혼할 기회가 없었던 것에 절망했고, 캘리포니아에 가면 남자를 구할 수 있을까 싶어 그곳으로 이주하기로 했다.

길이 2미터, 폭 1.3미터의 2층 목제 침대가 객실 반을 차지하고 있었는데, 아래에는 내 짐을 쌓아놓았고 나는 위에서 잠을 잤다. 하지만 등을 대고 똑바로 눕기에는 침대가 너무 좁아서 옆으로 자야 했는데, 세찬 파도라도 일면 바닥으로 떨어질 것 같았다. 침대 옆 한켠에 작은 서랍장이 있었고, 한쪽 옆에는 세면대가 있었으며, 이 가재도구들 사이에 그나마 옷을 갈아입을 만한 길이 90센티미터, 폭 60센티미터의 공간이 남아 있었다. 이런 여건에 적응하면서, 먹고, 시중을 받으면서 나는 태평양을 건너는 약 1만 1,200킬로미터의 기나긴 여행을 했다.

우리가 탄 작은 선박은 161톤밖에 안 되고 전부 철재로 건조되었다. 그럼에도 이 선박은 톤당 9피아스타(49.5프랑)인 일본 차(1톤에 12세제곱미터)를 300톤이나 실었다. 승객들의 운임까지 합치면 선하(船荷)의 총액은 3,540피아스타(1만 9,470프랑)가 된다.

이 배가 메시나(남아프리카 공화국 트란스발 주 북부에 있는 도시 - 옮긴이)에서 수입하는 열대 과실들을 실어 나르는 소형 선박보다도 작다는 것을 고려한다면 이것은 엄청나게 높은 액수다.

육로로 가든 기선을 타고 가든 여행자는 언제나 날씨가 좋기를 하늘에 빌게 마련이지만, 범선을 타고 여행하는 사람들은 일기가 나빠야 강풍을 기대할 수 있기 때문에 좋은 날씨를 바라지 않는다. 범선을 타고 갈 때는 기압이 올라가면 항해에 불리하다고 여겨 기압이 내려가기를 바란다.

이런 관점에서 보면 길고 긴 항해 내내 우리는 날씨 덕을 별로 보지 못했다. 우리 배는 30일 내내 짙은 안개에 휩싸여 있었다. 그렇지만 뱃사람 입장에서는 나쁘지 않은 일기인데 그래야 기압계가 내려가지 않기 때문이다. 3~4일 동안 강한 바람이 불어온 적이 거의 없었으며 한 번도 세찬 폭풍이 오지도 않았고 또한 항해하는 동안 내내 6미터가 넘는 파도는 단 한 차례도 보지 못했다.

말이 나온 김에 지적하고 싶은 것이 있다. 책을 쓰는 사람들은 과장을 해야 그럴싸하다고 생각해서인지 항해와 관련해서 잘못 묘사하고 있는 것들이 많다는 점이다. 작가들이 폭풍이 몰아치는 순간을 묘사할 때 자주 써먹는 얘기는 이렇다. "웅대한 산맥과 같은 파도는 순식간에 우리를 구름 위까지 들어올렸다가 잠시 후에 가장 깊은 심연으로 우리를 다시 내동댕이쳤다." 이런 묘사는 바다에서 아직 한 번도 격렬한 폭풍을 만나보지 못한 사람들에게 거대한 자연의 힘이 1.2킬로미터나 되는 파도를 일으킨다고 믿게 만든다. 인도양, 태평양, 그리고 대서양에서 가공할 만한 허리케인이 닥쳤을 때 내가 본 가장 높은 파도는 물고랑에서 물마루까지의 높이를 어림잡으면 기껏해야 12미터에 이르렀다. 우리의 유능한 선장도 이보다 더 높은 파도는 한 번도 겪어보지 못했다고 확인해주었다. 그러나 물고랑은 해면 아래에 있고 물마루는 그 위에 있기 때문에 수면 위 파도의 최고 높이는 결코 6미터가 넘지 않는다고 확언한다.

항해 내내 배는 거의 늘 남풍, 남서풍, 서풍, 북풍 또는 북서풍 – 말하자면 순풍 – 을 받으면서 나아갔다. 하지만 배가 매일 경도 2도 앞으로 나아갈 정도로 바람이 강하게 불어오는 일은 드물었다. 선장은 북쪽에서 더 강한 바람이 분다고 믿었기 때문에 배가 서경 155도, 북위 43도19분에 도달할 때까지 뱃머리를 계속 북북동쪽으로 돌렸고, 그런 다음에 동쪽 또는 남동쪽으로 항로를 계속 유지했다.

요코하마에서 배가 출항한 날인 7월 1일에 수온은 23.75도, 기온는 27.75도에 달했는데 바다에서는 기온이 아주 빠르게 내려갔고, 배가 동경 164도 52분, 북위 38도 42분 지점에 있던 7월 18일부터 서경 148도 23분, 북위 43도 3분에 도달했던 8월 8일까지 기온과 수온은 기껏해야 13도였다. 이 시점부터 기온이 서서히 상승하면서 8월 17일 서경 133도, 북위 39도 41분 지점에서는 기온뿐만 아니라 수온도 20.5도까지 올라갔으며, 샌프란시스코에 도착할 때까지 계속 이 온도를 유지했다.

이 위도상의 태평양에서는 배들이 드물게 다닐 뿐이다. 망망대해의 아득하고 단조로운 외딴곳에서 기분전환을 할 게 없다는 건 말할 필요도 없을 것이다. 서경 133도 9분 앞쪽에서 우리는 단 한 척의 선박과도 마주치지 않았다.

가장 내 관심을 끈 것은 동경 152도와 180도 사이에서 끊임없이 떠다니는 30~60센티미터 두께의 넓은 자색 물질층이었다. 선장과 항해사들은 그것을 어란(魚卵)이라고 생각했다. 나는 수킬로미터씩 넓게 퍼져 있는 층들을 자주 발견했는데 대양이 온통 어란으로 덮여 있다는 게 영 미덥지 않았다.

그래서 나는 표본을 건지려고 밧줄에 양동이를 매달아 충분한 양을 퍼냈다. 기형적인 물질이라고 여겼던, 벼룩만 한 크기의 물고기같이 생긴 곤충의 축적물을 보고서 나는 기겁을 했다. 주정(酒精)을 가지고 있지 않아 그것들을 말릴 수밖에 없었다. 나는 상트페테르부르크에 있는 박물관에 가져다주려고 이 작은 하등생물을 무더기로 건져냈다. 바닷물을 퍼낸 양동이마다 불그스름한 곤충과 가운데 검은 점이 있는 희끄무레한 어란이 대량으로 담겨 있었다. 그러나 곤충과 함께 어란도 말렸더니 더 이상 형태를 알아볼 수 없었다.

동경 180도와 서경 144도 사이에서 우리는 끊임없이 배 주변의 해면에서 패각이 없는 기이하게 생긴 수백만 개의 달팽이를 보았는데, 돛과 같은 역할을 하는 일종의 외투막이 달팽이의 몸 전체를 덮고 있었다. 이 패류는 선원들 사이에서 통용되는 말로 프랑스에서는 '노예선', 영국에서는 '포르투갈의 전사'로 불린다. 달팽이에는 가시 같은 짧은 발들이 많이 달렸는데 독성이 있어서 여기에 찔리면 거의 전갈에 찔린 것 같다. 나는 달팽이 표본 여럿을 말렸다.

이 밖에 동경 170도와 서경 170도 사이에서 포도송이 같은 게 수백 개 정도 다닥다닥 붙어서 전체를 이루는, 파인애플처럼 생긴 다량의 따개비를 자주 볼 수 있었다. 또한 우리는 거대한 고래들도 상당수 목격했으며, 이따금씩 동시에 네 마리를 보기도 했는데, 동경 170도와 서경 170도 사이에서만 볼 수 있었다. 고래들은 숨을 쉬기 위해 수시로 해면으로 솟구쳐 오르곤 했다. 열대 해양에서는 상어 떼가 우글거리지만 태평양의 이 위도상에는 아주 드물게 출현하며, 항해 내내 여섯 마리도 채 보지 못한 것 같다. 짐작하건대 우리 배에 접근할 정도로 상어들이 배가 고프지는 않았던 듯 싶었다. 물결 위로 튀어나온 뾰족한 등지느러미를 보고 상어를 어렵지 않게 식별할 수 있었다. 모든 위도상에서 우리는 쥐돌고래와 만났고 때때로 500~1,000마리를 헤아리는 무리도 목격했다.

해양 조류와 관련해서는 거위와 크기가 비슷한 상당수의 알바트로스가 항상 우리 배를 따라왔다. 배에 같이 승선한 사람들이 낚싯바늘에 비계 조각을 달아서 물에서 알바트로스를 많이 잡았다. 가끔씩 알바트로스가 식탁에 올라오기도 했다. 알바트로스는 육식조이기 때문에 육질이 좋지 않다. 나는 그 고기에 도저히 손이 가지 않았다. 수시로 우리는 선원들이 '사탄'(바다제비류)이라고 부르는 제비처럼 생긴 작은 알바트로스를 보았다. 그들은 매우 시끄럽게 울어대는데 특히 밤에 그 울음소리를 잘 들을 수 있다.

아직까지 일본과 캘리포니아 사이에 있는 태평양의 수심이 측정되지는 않았지만 평균 수심이 최소한 9킬로미터는 될 것으로 추측하고 있다.

7월 26일 수요일, 우리가 탄 배는 그리니치 본초 자오선의 정반대편인 북위 40도 37분, 동경 180도에 있었다. 따라서 지구를 분할한 기준에 의해서 날짜를 하루 뒤로 옮겨놔야 했으므로 하루를 더 7월 26일 수요일로 삼아야 했다.

8월 7일 오전 9시 45분과 11시 사이에 배는 상트페테르부르크의 정반대편인 북위 43도 9분과 서경 149도 42분 27초를 지나갔다.

1822 1월 6일	메클렌부르크 슈베린 대공국의 노이부코에서 개신교 목사 집안의 아들로 태어남.
1823~1836	안커스하겐(메클렌부르크 슈베린)에서 청소년기를 보냄.
1831 3월 22일	모친 사망.
1833~1836	너이슈트렐리츠에서 김나지움에 입학하자만 3개월 만에 그만두고 실업학교로 전학.
1836~1841	퓌르스텐베르크에서 식품점 점원으로 일함.
1841	로스토크와 함부르크에서 체류. 12월 11일 텍셀 섬 앞에서 상선 '도로테아' 호가 난파됨.
1842~1845	암스테르담에서 사환, 통신원, 경리로 일함. 자신이 고안한 학습법으로 영어, 프랑스어, 네덜란드어, 스페인어, 포르투갈어, 이탈리아어, 러시아어를 배움.
1846	러시아 주재 암스테르담 슈뢰더 상사의 대리인으로 일함.
1846~1864	상트페테르부르크에서 독립적인 사업을 함.
1846	유럽 여행: 영국, 프랑스, 벨기에, 서부독일.
1847	자신의 사업을 시작하고 상트페테르부르크의 대상인 길드에 가입.
1850~1852	첫 미국 여행. 갤리포니이외 새크라멘토에서 금 거래를 함. 중국어를 배움.
1852	모스크바에 지사를 둠.
1852~1868	러시아 여성 예카테리나 페트로브나 리스친과 결혼.
1853	스웨덴어, 덴마르크어, 폴란드어, 슬로바키아어를 배움.
1854~1856	크림전쟁을 계기로 사업이 번창함.

1855	아들 세르게이 출생.
1856~1857	라틴어, 고대와 근대 그리스어를 배움.
1858	딸 나탈리아 출생.
1858~1859	오리엔트 여행: 이집트, 팔레스타인, 시리아 아랍어를 배움.
1859	스페인 여행.
1861	그리스어를 배움. 딸 나데슈다 출생.
1864~1866	세계일주: 인도, 자바, 청나라, 일본, 북미와 중남미.
1865	힌두스타니어를 배움. 첫 번째 저서 『현대의 중국과 일본(La Chine et le Japon au temps present)』저술.
1866~1870	파리에서 언어학, 문학, 철학 공부. 여행으로 학업 중단. 페르시아어를 배움.
1867~1868	북미와 쿠바 여행.
1868	지중해 여행: 이탈리아, 시칠리아, 그리이스.
1869	『이타카, 펠로폰네소스 그리고 트로이(Ithaka, der Peloponnes und Troja)』 출간. 로스토크 대학에서 박사학위 취득. 북미여행(인디애나폴리스). 첫 번째 부인 예카테리나와 이혼하고 그리스의 소녀 소피아 엥가스트로메노스와 재혼.
1870 3월	에게해 군도로 여행. 4월 히사를리크에서 첫 번째 시험 발굴 작업. 터키어를 배움.
1871	딸 안드로마케 출생.
1871~1873	첫 번째 트로이 유적 발굴 작업.
1873	황금 보물 발견(프리아모스의 보물).
1874	미케네 유적 발굴 착수. 『트로이와 그 유물』 출간
1874~1875	황금 보물의 분배 문제를 놓고 오스만 정부와 소송.
1876	미케네에서 발굴 작업에서 5개의 구덩식〔竪穴式〕 무덤 발견.

1878	『미케네(Mykenae)』 출간. 아들 아가멤논 출생.
1878~1879	루돌프 피르호와 함께 두 번째 트로이 유적 발굴 작업. 아테네에 저택을 지음.
1880~1881	빌헬름 되르펠트의 참여하에 오르코메노스에서 첫 번째 발굴 작업.
188	트로이 발굴품을 베를린 왕립 박물관에 기증. 독일제국의 수도 베를린의 명예시민이 됨. 『일리오스(Ilios)』와 『오르코메노스 (Orchomenos)』 출간.
1882	되르펠트와 함께 트로이에서 세 번째 발굴 작업.
1883	옥스퍼드 대학에서 명예박사 학위 취득. 크레타에서의 첫 번째발굴 계획.
1884	『트로이(Troja)』 출간. 하우프트만 뵈티허와 논쟁 시작.
1884~1885	되르펠트와 함께 티린스 유적 발굴.
1885	영국 여왕으로부터 학예부문 왕실 금메달을 받음.
1885~1886	중남미 여행(하바나).
1886	되르펠트와 함께 오르코메노스에서 두 번째 발굴 작업. 영국 왕립건축가협회로부터 금메달을 수여 받음. 되르펠트와 함께 크레타로 여행.
1886~1887	혼자서 나일강 여행.
1888	피르호와 함께 나일강 여행.
1889	펠로폰네스, 에피루스, 러이카스, 이타카 여행. 뵈티허의 참석하에 히사를리크에서 제1차 학술회의 개최.
1890	되르펠트와 함께 트로이에서 3월부터 8월까지 네 번째 발굴 작업. 히사를리크에서 2차 학술회의 개최. 11월 13일 할레에서 귀 수술을 받음. 12월 26일 나폴리에서 사망.

　　트로이 유적을 발굴한 하인리히 슐리만의 인생은 그 자체가
하나의 신화와 같다. 인생 전반부에서는 무일푼에서 백만장자가
된 신화를, 인생 후반부에서는 트로이, 미케네, 티린스 유적지의
발굴자가 되어 한낱 신화와 전설 속 이야기로 사라질 뻔한 문명의
자취를 역사의 세계로 바꾸어놓은 신화를 일구었던 것이다.

　　그리스 선사 고고학을 말할 때면 그의 이름이 어김없이 등장
할 만큼 슐리만은 기원전 지중해 일대의 역사를 밝히는 데 지대한
기여를 했다. 그뿐만 아니라 6만 통의 편지, 18권의 일기, 직접 쓴
자서전을 포함한 10권의 저서, 그리고 수많은 신문 기고문들이 말
해주듯이 그는 숱한 글들을 남겼다. 19세기를 산 인물들 중에 슐

리만처럼 자신이 살아온 삶의 궤적을 이렇게 많은 기록으로 남긴 사람은 흔치 않을 것이다.

이 기행문은 슐리만의 글이 활자로 인쇄되어 나온 첫 번째 책이기도 하다. 1864년 여름부터 1866년 봄까지 20개월 동안 슐리만은 튀니스, 이집트, 인도, 자바, 청나라, 일본, 그리고 북미와 중남미를 여행했다. 이 세계일주는 1868년 트로이 유적지를 답사하기 위해 그리스로 가기 몇 년 전에 이루어진 것이다. 그는 오래전부터 일기를 써왔고, 이 여행 중에도 평소 습관대로 몇 권의 책으로 엮을 수 있는 분량의 일기를 썼다. 독일어가 모국어지만 슐리만은 꼭 독일어로 글을 쓴 것은 아니었다. 남다른 언어 능력과 노력, 그리고 그만의 독특한 학습법으로 슐리만은 15개가 넘는 외국어를 익힌 언어의 달인이기도 하다. 그가 몇 개 국어를 구사했는지는 정확하지 않지만 그가 남긴 18권의 일기는 20개 국어로 쓰여 있다. 이 기행문은 불어로 쓰인 것이다.

1865년 일본에서 샌프란시스코로 가는 50일간의 길고 외로운 항해 기간 동안, 청나라에서 2개월, 일본에서 3주간 체류하면서 쓴 일기에서 발췌해서 청나라와 일본에 관한 기행문을 남겼다. 그는 1867년 파리에 있는 리브레르 상트랄(Librairie Centrale) 출판사에서 이 기행문을 『현재의 중국과 일본』이라는 제목으로 출간했다. 1873년 소위 '프리아모스의 보물'* 발견으로 그는 하루아침에 세계적인 유명인사가 되지만 이 책을 발간할 당시의 슐리만은 파리 소르본 대학의 돈 많은 만학도일 뿐이었다. 출판계에 이름이 전혀 알려져 있지 않아 당시 이 책은 거의 주목을 받지 못했다. 발행 부수가 얼마 되지 않은 프랑스어 원본은 세월이 지나면서 구하기가 거의 힘든 희귀본이 되었다. 이런 사정으로, 1971년 슐리만 전기를 출간했던 프란츠 게오르크 브루스트기(Franz Georg Brustgi)의 독일어 번역본(『Reise durch China und Japan im Jahre 1865』, Rosgarten Verlag, Konstanz, 1984)을 중역할 수밖에 없었다. 이 독일어 번역본이 문장을 축약하거나 생략하지 않고 프랑스어로 쓴 슐리만의 문체를 어느 정도 충실하게 옮겨놓은 책이라는 점에서 프랑스어 원본을 가지고 우리말로 번역하지 못하는 아쉬움을 조금은 덜어주었다. 슐리만은 당초 이 책을 독일어로도 번역해서 출간할 계획이었으나 그러기에는 시간이 없었다고 한다.

물론 이 책은 학문적 노작(勞作)이 아니다. 하지만 요즈음 흔하게 접할 수 있는 단순한 기행문이나 견문기와는 비교할 수 없는 값어치가 있지 않을까 싶다. 19세기 중반 극동에 있는 나라를 찾는 서구인이야 고작해야 외교관, 선교사, 아니면 장사꾼과 같이 특별한 목적을 가진 사람들로 한정되었다. 슐리만처럼 단지 여행만을 목적으로 중국과 일본을 개인적으로 방문한 서구인이 또 있

---

* 이 이름은 트로이의 마지막 왕인 프리아모스왕의 이름에서 유래했다. 이 유물이 발견 당시 트로이 것이라고 믿었지만 슐리만은 사망하기 바로 전에야 그것이 트로이보다 1,000년 앞선 시대의 유물이라는 것을 알았다.

었을까 싶다. 그리고 당시 청나라와 일본은 가중되는 서구의 외압 속에서 정치적으로나 사회적으로 혼란이 극심한 때였다.

우리와 같은 문화권에 속한 중국과 일본의 이야기가 특별히 이국적이거나 새로운 얘깃거리가 아니라고 생각할 독자도 있을 수 있겠다. 하지만 19세기의 만리장성과 21세기의 만리장성은 분명히 다를 것이다. 지금이야 전 세계에서 해마다 천만 명이 찾는 중국 제일의 관광자원이 되었지만, 19세기 사정은 어떠한가? 요즘처럼 관광객들을 위해 길이 닦인 것도 아니었고, 당시 사람들이 보기에는 거대한 돌덩어리일 뿐이었다. 슐리만이 그런 장성을 보기 위해 높고도 험준한 산을 기다시피 올라가 기암괴석이 어우러지는 풍채와 장성의 절경에 감탄하면서 쓴 글은 실로 값지다. 사람들한테 비웃음을 사면서 트로이 유적 발굴에 나섰던 슐리만이 괜히 슐리만이 아니다 싶다. 쇠락해가는 자금성, 아편 중독자, 거지 떼들과 허물어져가는 집들로 가득 찬 베이징 거리를 묘사한 대목들에서는, 중국 대륙의 마지막 왕조가 될 청이 서서히 몰락하는 모습이 역사책 속에서 읽는 것보다 더 생생하게 다가오면서 비애감과 허망함마저 들게 한다.

여담이지만, 슐리만은 돈에 무척 인색한 사람이었다고 한다. 당시 백만장자였던 슐리만이 절에 숙소를 정한 후 스님들과 오랫동안 흥정을 해서 방값을 반으로 깎았다는 대목을 옮기면서 역시 그답다는 생각에 피식 웃음이 나왔다. 유적지를 발굴하는 동안에도 슐리만은 보통 개인 집이나 자신이 직접 지은 목조 가옥에서 기거했지만, 티린스 유적지를 발굴하는 동안에는 호텔에서 묵었다. 그도 그럴 것이 호텔 주인이 특별히 방 6개에 하루 6프랑으로 깎아줬기 때문이다. 그것도 그가 먹을 양식을 호텔방으로 가져갈 수 있다는 조건에서 말이다. 젊은 시절 힘들게 고생하면서 아끼던 습관이 평생 몸에 밴 듯하다.

슐리만은 청나라에 대해서 상당히 부정적으로 썼지만 일본에 대해서는 그래도 호의적으로 기술하고 있다. 그는 젊은 시절부터 일본에 가보고 싶어했다. 1842년 암스테르담에서 사환과 경리로 있던 시절, 그는 이런 글을 남겼다. "이민의 꿈이 무산됐지만 이곳(네덜란드)에서 6년만 살다가, 여기 일에 익숙해지고 돈을 좀 모으면, 바타비아*를 거쳐 일본에 갈 생각이다. 네가 있을 곳은 유럽이 아니다. 너의 행운은 이곳에서 아주 먼 곳에 있다고 내 가슴이 말하고 있다."

아무리 오랫동안 여행을 꿈꾸었던 나라라고 하지만 당시 외국인이 일본을 여행한다는 것은 목숨을 건 대담한 모험이었다. 몰락해가는 도쿠가와 이에야스 정권의 일본에서는, 외국인에 대한 강한 증오감과 문화적 쇼비니즘으로 가득 찬 척양파 사무라이들이 외국인은 물론이고 개국을 주장하는 자국인들의 암살도 서슴

---

* 지금의 자카르타

지 않고 자행하던 때였다.

조선통신사의 한 사람으로 일본에 다녀온 신유한이 1719년 『해유록』에서 "남녀가 아무런 거리낌 없이 목욕을 하는 것이 정말 기괴하다."고 기술하고 있듯이, 일본 혼욕문화는 지난 몇 세기에 서구인들이 일본에 대해서 쓴 글들에서 자주 언급된다. 그만큼 일본의 혼욕문화는 외국인들에게는 해괴망측한 풍습으로 비쳐졌다. 서구로부터 문명사회의 일원으로 인정받기를 간절히 바랐던 일본 정부는 메이지 시대에 들어서면서 남녀혼욕을 법으로 엄격하게 금지했다. 오늘날 남성·여성 전용 사우나를 찾기 힘들 정도로 혼욕문화가 일반화된 슐리만의 조국 독일을 보면서 참으로 격세지 감을 느낀다.

아무튼 당시 상황에서 슐리만이 혼자 동양을 여행한다는 것은 우리가 요즈음 비행기 타고 다른 대륙에 가는 것과는 비교할 수 없는 모험임에 틀림없다. 어떤 면에서는 아주 경솔한 행동이라고 할 수도 있다. 슐리만 자신도 이 세계 일주에서 살아 돌아올 수 있을지 확신하지 못했던지 여행을 떠나기 전에 유언장을 작성했다. 그리고는 6개월 동안 아무런 소식이 없으면 자신의 유언장을 열어보라는 말을 런던에 있는 한 지인에게 남겼다. 슐리만은 철저한 계획 없이 막연하게 여행을 다녔다. 늘 가방에다 온도계, 미터자, 저울을 넣고 다니면서 수치나 용량 또는 금액을 따분할 정도로 꼼꼼하게 기록하는 모습에서 엿볼 수 있는 치밀한 그의 성격과는 전혀 어울리지 않는 행동이었다. 그의 여정에는 아주 오랜 시절부터 꿈꾸어왔던 청나라와 일본이라는 두 가지 목표만이 있었다. 사회적으로나 사업적으로 정점에 오른, 마흔의 문턱을 넘은 백만장자가 목숨을 걸 만큼 위험한 이 여행을 왜 떠났을까?

어린 시절 아버지에게서 크리스마스 선물로 받은 역사책 속에서 불타고 있는 고대 트로이의 그림을 보고 어른이 되면 트로이성을 찾겠다고 결심하지만, 가난 때문에 14세로 학교생활을 마쳐야 했던 소년이 온갖 고난을 극복하고 거부가 되어 40여 년 만에 마침내 평생의 꿈을 이룬 슐리만의 이야기는 너무나 잘 알려져 있다. 하지만 예순을 바라보는 슐리만이 자서전에 쓴 이 이야기는 트로이 발굴을 좀더 극적이고, 숙명적이고, 낭만적으로 보이게 하기 위해서 의도적으로 쓰인 것으로 보고 있다. 트로이의 영웅들처럼 슐리만도 불멸의 영웅이 되고 싶었을까?

트로이 발굴을 필생의 과업으로 삼아 비용을 마련하기 위하여 돈을 모았다고 슐리만은 술회하지만 그가 남긴 기록들을 면밀히 들여다보면, 마흔여섯 살이 될 때까지, 즉 트로이를 답사하기 전까지 고고학자가 되겠다든가 아니면 트로이를 발굴하겠다는 생각을 가졌던 증거는 어디에서도 찾아볼 수 없다고 한다. 트로이 답사를 나서기 2년 전에 그가 파리 소르본 대학에서 시작한 학문도 고고학이 아닌 언어학, 문학, 그리고 철학이었다.

그의 진실성 문제는 논외로 하고 역자 개인적으로 언제부터 그가 고고학과 트로이 발굴에 관심을 가지기 시작했는지는 중요하게 느껴지지 않는다. 축적한 재산으로 평생 일하지 않고도 편안한 삶 속에 안주할 수도 있었을 텐데 사재를 털어서 트로이의 역사적 흔적을 찾아 나섰던 것만으로도 충분히 찬사를 받을 만하지 않을까? 옳고 그름을 분간할 줄 모르는 슐리만의 병적인 성격이 결국 그를 위대하게 만들었다며 아예 그를 정신질환자 취급하는 역사가도 있지만 슐리만의 생애와 업적이 그 정도로 폄하되어야 할지 선뜻 동의하기 어렵다. 하긴 정신분석학적으로 따지고 들면, 뭔가 남다른 일을 이룬 인물들은 대개 보통 사람들과 다른 이런저런 정신적 '증(症)'을 많이 가지고 있지 않나 싶다.

누구나 믿음을 가질 수 있고 그 믿음이 아무리 확고해도 현실 검증력이 없으면 망상이 되고 그런 믿음을 가진 사람은 '또라이' 취급받는 게 세상인심이다. 1873년 당시 호메로스의 트로이와 프리아모스의 보물이라고 믿었던 유적지와 황금보물을 발견함으로써 그는 전 세계 사람들로부터 존경과 찬사를 받았다. 이에 멈추지 않고 그는 계속해시 기원전 지중해 일대의 역사를 밝히는 데 대단한 기여를 할 유적지들을 발견했다. 그렇지만 말년에 슐리만은 하우프트만 뵈티허로부터 트로이 성채가 거대한 화장터일 뿐이고 고의로 유적을 파괴했다는 부당한 공격을 받기도 하고, 또 자신이 발견한 것이 프리아모스의 성채와 보물이 아닐 수도 있다는 사실을 깨달으면서 심한 정신적 충격과 우울증에 시달려야 했다. 그러다가 결국 나폴리의 한 광장에서 염증이 귀에서 뇌로 번지며 쓰러져 쓸쓸한 죽음을 맞는다. 슐리만은 말년에 허망함을 느꼈을까 아니면 분노감을 느꼈을까?

슐리만이 비록 살아생전 트로이 전쟁이 실제로 일어난 사건인지를 분명히 밝히지 못했고, 또한 역사가나 고고학자들도 지금까지 이 문제를 풀지 못하고 있지만, 고고학에 대한 그의 접근 방식은 아주 새로운 것이었다. 그는 여느 과학들처럼 하나의 가설을 세우고 그것을 입증하는 방식으로 고고학에 접근했다. 이 접근 방식은 유물들을 찾아내서 짜 맞추는 수준을 벗어나지 못했던 당시의 일반적인 고고학과는 엄청난 차이가 있었다. 이 점 하나만으로도 그가 고고학에 끼친 기여는 크다. 그렇지만 자신의 가설로 삼은 호메로스의 문학적 해석에 너무 집착한 나머지 트로이보다 1천 년 앞선 유물을 트로이의 보물로 간주한 것과 같은 오류를 범하기도 했다.

아무튼 슐리만은 평생 트로이 발굴이라는 일관된 목표를 향해 아무런 방황도 갈등도 없이 삶을 질주하지는 않았다. 1세기가 넘도록 세인의 머릿속에 각인된 꿈같은 신화를 창조한 그에 대한 이미지는 실체와는 거리가 있다. 어린 시절의 꿈을 평생 간직한 채 장년기가 돼서 이룬 동화 속의 슐리만은 감동적이고 꿈을 주지만, 역자는 현실의 슐리만에 더 인간적인 모습을 느끼고 그의 삶을 실감할 수 있다.

슐리만은 1822년 독일 메클렌부르크 슈베린 대공국의 노이에 부코에서 가난한 개신교 목사 집안의 다섯 번째 아이로 태어난다. 그의 자서전에서 아버지 에른스트 슐리만은 어린 아들에게 호메로스의 서사시에 나오는 영웅들과 트로이 전쟁을 흥미롭게 들려주는 자상한 아버지로 그려지지만 현실에서는 전혀 다른 모습이었다. 에른스트 슐리만은 목사였지만 술꾼에 걸핏하면 어머니를 학대하고 게다가 바람둥이였다. 슐리만이 아홉 살 때 맞은 어머니의 죽음도 상당 부분 방탕한 아버지에 책임이 있다고 한다. "내가 이 저주스러운 사기꾼의 아들이라는 게 너무나 부끄러울 따름이다."라고 후에 누이에게 쓴 편지에서 알 수 있듯이 그는 아버지에게 혐오와 증오심을 느낀다. 이런 아버지 밑에서, 어린 시절의 슐리만은 자기정체성에 심각한 혼란을 겪었을 것이다. 어떤 정신분석학자는 심지어 슐리만이 유적지 발굴자가 된 것은 자기정체성을 찾는 과정이었다고까지 말한다.

슐리만은 작은아버지 밑에서 열한 살 때 노이스트레리츠에 있는 김나지움*에 입학한다. 하지만 아버지가 교회 돈을 유용했다는 혐의로 정직처분을 받고 가정 형편이 더욱 어려워지자 석 달 만에 실업학교로 전학을 간다. 14세 때 실업학교를 졸업하고 작은

---

* 우리나라의 인문계 중·고등학교 성격을 지닌 독일의 전통적인 학교

도시의 식품점에서 5년 동안 수습점원으로 일하다가 19세가 되던
해, 어머니한테 물려받은 재산 중 남은 29탈러(독일의 옛 3마르크
은화)를 가지고 그에게 하나의 계시이자 꿈인 함부르크로 가지만,
키 157센티미터의 허약한 슐리만은 육체적인 노동을 견디지 못하
고 번번이 일자리를 잃는다. 자유 한자 도시 함부르크에 있는 몇
달 동안에 슐리만은 부유한 상인들을 지켜보면서 자신도 그렇게
되고 싶다는 생각을 하게 된다. 이제 그는 허황된 어린 시절의 공
상을 품을 나이가 아니라, 노력과 성실로 얼마든지 이룰 수 있는
현실적인 목표를 가질 나이였다. 슐리만은 이 시기에 돈과 부만이
그의 자의식을 고양시킬 수 있다는 생각을 한다. 하지만 변변한
일거리도 찾지 못한 그에게 이런 꿈은 멀기만 하고 함부르크에서
는 성공의 기회를 잡기가 쉽지 않다는 판단을 하고 처음으로 이민
에 대한 생삭을 품게 된다.

　19세기 전반기에 이민은 유럽의 노동자나 무산층에게는 유일
한 마지막 희망이었다. 당시 유럽에서는 대규모의 이민 물결이 휩
쓸던 때였다. 이미 오래전에 슐리만은 동생 루트비히와 미국 이민
에 대해 얘기를 나눈 적이 있었다. 하지만 젊은 슐리만에게 미국
은 먼 꿈일 뿐이었다. 그곳으로 가기 위한 뱃삯이 그에게는 없었
다. 하지만 우연히 어머니의 옛 급우였던 J. F. 벤트(Wendt) 씨가
함부르크에서 베네수엘라로 운행하는 상선 도로테아 호에서 선실
급사로 일할 수 있는 자리를 소개해준다. 대우는 좋지 않지만 슐

리만은 유럽을 떠날 좋은 기회를 놓치고 싶지 않아서 주저 없이 그 자리를 받아들인다.

그는 자서전에 이 배가 네덜란드 근해에서 난파되어 보트를 타고 구사일생으로 네덜란드 해안에 상륙한다고 기술하고 있다. 여기에 대한 사실 여부에 대해서 의혹이 제기되고 있기는 하지만 여기서는 논외로 하고 아무튼 사실상 이민에 대한 그의 계획은 물거품이 된다. 암스테르담에서 그는 무역회사에 들어가 사환과 경리사원으로 일하면서 여러 나라 말을 배운다.

암스테르담 시절, 그의 유일한 즐거움은 일을 마친 후 거리를 산책하면서 불이 밝혀진 집들과 가스등이 켜진 거리를 감상하는 것이다. 때때로 그는 증기 기관차가 출발하는 역에서 몇 시간을 머물면서 더 넓은 세상에 대한 꿈을 꾸고, 특히 머나먼 일본에 대한 꿈을 꾼다.

러시아어를 배우려는 노력은 그의 인생에 결정적인 영향을 끼친다. 암스테르담에 있는 무역회사들에게 러시아는 가장 중요한 무역 파트너였다. 그러나 러시아어를 구사할 줄 아는 직원은 거의 없었다. 슐리만은 여기서 기회를 엿본다.

1846년 회사의 대리인 자격으로 상트페테르부르크에 간다. 이곳에서 그는 인디고 장사로 자신의 사업도 일으켜 돈을 모은다. 그 밖에도 라인산 와인, 초석(硝石), 차, 커피 거래에도 손을 댄다.

1850년 12월 28일, 그는 영국 리버풀에서 기선을 타고 미국으로 간다. 그리고 금 거래를 하여, 가지고 간 원금보다 두 배를 벌어서 1852년 8월에 다시 상트페테르부르크로 돌아온다.

미국에서 돌아온 지 2개월 만인 1852년 10월 슐리만은 러시아인 예카테리나 리스친과 결혼을 한다. 하지만 그의 결혼생활은 처음부터 불행했다. 이 결혼은 예카테리나에게는 사회적 상승을 의미할 뿐이었고 슐리만에게는 집안을 돌볼 사람이 생긴 것뿐이었다.

러시아가 영국, 프랑스, 오스만 제국과 벌인 크림전쟁(1853. 10~1856. 2)은 그에게 엄청난 부를 안겨줄 절호의 기회가 된다. 이 전쟁으로 그의 사업은 더욱 확장되고 그는 점점 일중독자가 되어간다. 당시 그는 이렇게 기록하고 있다. "내가 돈에 인색하고 탐욕스럽다는 것을 잘 안다. 그만 돈에 집착해야 될 텐데." 그가 일중독자가 되고 돈에 집착한 것은 한편으로 불행한 결혼생활 탓도 있다고 한다. 아무튼 그는 이 결혼생활에서 몹시 고통을 받은 듯하다. 그녀 사이에 얻은 세 명의 자식은 결코 화목한 부부관계를 증명하는 것이 아니었다.

1856년 크림전쟁이 끝나고 슐리만은 34세에 거부가 된다. 하지만 그는 지금까지 자신이 살아온 삶의 궤적에 대해 뒤돌아보기 시작하고, 인생 전반기에 그에게 큰 의미를 주던 돈도 점점 의미를 상실해간다. 자수성가한 젊은 백만장자는 변변한 교육을 받지 못한 것에 대한 콤플렉스에 시달리고 이것은 그의 인생 내내 영향을 미친다. 그는 가족을 데리고 독일로 돌아가서 그곳에서 학문에 전념할 것을 진지하게 고려하지만, 예카테리나는 절대로 상트페테르부르크를 떠나지 않겠다며 그의 제안을 일언지하에 거절한다.

1956년부터 슐리만은 근대 · 고대 그리스어를 배우기 시작한다. 권위 있는 슐리만 연구가인 데이비드 트레일(David Traill)은 그가 단지 아내와의 냉랭한 관계로 인한 고통에서 벗어나기 위한 한 방편으로 그리스어를 배우기 시작했을 수도 있다고 본다. 실제로 그의 결혼생활이 점점 파경을 향해 치달을수록 고대 그리스 문화와 언어에 대한 그의 열정은 점점 커져 그의 인생 내내 식지 않는다. 하지만 트로이 유적을 발굴하겠다는 의도하고는 아무런 상관이 없었다.

슐리만은 뭔가 새롭게 시작하고 싶었지만 아무런 결정도 하지 못한 채 우선 긴 여행을 가기로 마음을 먹는다. 1858년 그는 스톡홀름, 코펜하겐, 베를린, 프랑크푸르트, 바덴바덴을 거쳐 이탈리아, 이집트, 시리아 등지를 널리 여행한다.

슐리만이 상트페테르부르크로 돌아온 후 예카데리나는 더욱 더 그를 냉담하게 대하고, 결혼생활을 구하려는 그의 노력은 수포로 돌아간다. 게다가 그는 그의 사업을 인수했던 상대와 몇 년간의 법정 싸움에 휘말린다. 1863년 소송이 완전히 마무리되자 그는 사업을 정리한다. 그는 더 이상 상 페테르부르크에 머물고 싶은 마음이 없었고, 러시아정교는 이혼을 인정하지 않지만 예카테리나와의 이혼을 진지하게 고려한다. 하지만 새로 시작하기에는 그에게 활력이 없었다. 고향인 메클렌부르크에서의 새로운 삶, 학문의 길, 아니면 여행 작가로서의 삶 등을 그려보면서 이런저런 생각을 하게 된다. 결국 슐리만은 마치 모든 과거에서 탈출하려는 듯 몇 주 몇 달 걸리는 여행이 아니라 2년이 걸릴 세계 일주를 떠나기로 결심한다. 그는 심지어 다시는 러시아로 돌아가지 않겠다고 공언하지만 여행 후 어디에 정착할지는 정하지 못한 상태였다.

이 20개월간의 세계 일주는 사업가로서 살아온 지금까지의 인생 전반부와 앞으로 고고학자로서 또 고대 유적지 발굴자로서 고고학에 지대한 업적을 남기게 될 인생 후반부의 간막극이 될 것이다.

세계 일주를 마친 후 슐리만은 완전히 새로운 삶을 살기로 다짐한다. 그는 상트페테르부르크로 돌아가지 않고 마흔네 살의 나이로 1866년 2월 1일 파리 소르본 대학에 등록한다. 이제 그의 진정한 새 삶은 1866년 파리에서 시작될 것이다.

머지않아 역자도 세상에 흔들림 없는 삶을 산다는 불혹의 나이가 된다. 하지만 그 말은 새빨간 거짓말이 될 것 같은 불안감이 든다. 나이 타령만 하면서 뭔가 새로운 것을 시작할 엄두를 못내는 역자는 40대에 새로운 모험을 찾아 인생의 대전환을 이룬 슐리만에게서 용기를 얻으려 한다.

■ 옮긴이 이승희

한국 외국어 대학교에서 독일어학과를 졸업

독일 자유 베를린 대학교에서 인류학 석사 학위를 받았다.

고고학자 슐리만, 150년전 청일을 가다

하인리히 슐리만지음 | 이승희 옮김

1판 1쇄 인쇄 2005년 9월 21일 | 1판 1쇄 발행 2005년 9월 27일

펴낸이 김경수 | 펴낸곳 갈라파고스 | 등록 2002년 10월 29일 제13-7935호

주소 121-841 서울시 마포구 서교동 438-13

전화 02-3142-3797 | 팩스 02-3142-2408 | 이메일 galapagos@chol.com

기획 임병삼 | 편집 권성희 | 교정 오효순 | 디자인 허형옥 |

ISBN 89-90809-10-X 03910

●잘못된 책은 바꿔드립니다.